橫尾忠則

×九位經典創作者的生命對話

不是因為長壽而創造，而是因為創造而長壽

橫尾忠則——著
李瓔祺——譯

【台灣版序言】

將整個生命，放在「此刻」

為何長壽的畫家這麼多？答案很簡單，因為畫家使用的不是頭腦，而是身體。小說家、文字作家使用頭腦，因為用語言才能表達觀念。畫界也有以觀念為優先的畫家，但我是以感覺為優先，比起頭腦我更重視身體。畫畫的行為，就是排除掉腦中的思考和語言，極力呈現出渾然忘我的狀態。當多餘的思考開始支配我的頭腦時，畫筆就會在我手中停下來。這是我自己進行創作的方式，我並不知道其他畫家、藝術家是否跟我一樣。

雖說如此，但我並非會在製作中停止一切思緒。我也會思考某些事，也會羅織夢想，但內容往往是無關繪畫的。當自己開始忘情於作畫時，作品的成果與目的，就會愈來愈無關緊要，而逐漸進入禪定境界。自己會愈來愈接近孩童渾然忘我地專注於自身行為的狀態。這麼一來，就能得到超越時間的體驗。製作過程也會在短時間內結束。

這是我個人在畫畫上的體驗，我想知道其他創作者是否也有相同經驗，因此透過本書，與攝影師、電影導演、俳句詩人、小說家、音樂家、建築師、畫家等從事創作工作的人，針對「創造與老年」這個主題進行對話。這本書中的對談者，年齡都介於八十歲到九十多歲。而且，每個人都還堅守在工作崗位上（對談時）。爲何說堅守在工作崗位上，那是因爲大家都依然在過著創造作品的生活。不是因長壽而創造，是因創造而長壽。是創造在爲我們延年益壽。我非醫生，我不知兩者間的因果關係，但許多創作者（藝術家）都是長壽的。

我猜，或許是因爲玩遊戲這項元素，與創造行爲的內在，有著深厚的連結。換言之，遊戲性質的快樂與自由，原本就是孩童性質中的一部分，甚至可能是全部。孩童既不會去思考困難的問題，也不會思考事物的結果與目的。因爲行爲本身就是目的，所以不是爲了什麼才玩遊戲。他們將整個生命，都放在「此刻」這個瞬間。創造與孩童玩遊戲是相通的。即使到了老年，內心仍是個小孩。即使上了年紀，仍讓小孩存在內心。只要那個小孩不老，年老的身體就能保有青春活力。

本書的受訪者，都是有著長不大的童心與靈魂的老藝術家。我與他們以老年與創造的關係，進行了各式各樣的對談。每個人都是帶著創造性的想像力來到這世界上的，這一點並不限於從事藝術工作的人。無須以創作爲業，只要懷有做做看、畫畫看、寫寫看的心情，或許就能透過這種創造力，讓自己保持健康，延年益壽。願各位皆能透過創造，展開新的生活與人生。

二〇一八年十一月 於東京的工作室

【日文版前言】

只做「想做的事」的生存之道

常聽人說「畫家真長壽」，也許此話不假。世界級的畫壇巨擘，多數都很長壽。畢卡索、米羅（Joan Miró）、夏卡爾（Marc Chagall）活到九十幾歲；日本浮世繪大師葛飾北齋，雖然生在平均壽命較短的日本江戶時代（一六〇三～一八六八年），也是以九十高齡壽終正寢；日本女畫家的壽命更是驚人。而且不只長壽，連創作活動也不曾衰竭。這不禁令人思索，創作活動與長壽之間，或許存在十分深厚的因果關係。

基於此想法，我決心要向各領域中比我年長的藝術家請益，挖出他們身上的長壽與創作間的祕密，因此我打算與九位藝術家見面長談。來自不同領域的藝術家們，會說出什麼樣的言論，真是引頸期待。

在訪談之前，請容我談談自己。我自幼就傷病不斷，長大從事繪畫工作後，身上的各種損傷與疾病，依舊如影隨形。但在此同時，這種身體狀態，似乎也成了在我工作上的某種助力。也就是說，我的身體與心靈之間一直存在著強烈的連結。當我年滿七十歲時，才發現過去自己的身體與心靈是兜不在一塊兒的。從那個時候起，我就開始思考，能否改變自己的生存之道，讓自己只做「想做的事」？我開始拒絕一切自己無法接受的事，即使再微不足道的事也不做。而「想做的事」中，雖然也有無趣的事，但只要是「想做的事」，我就會接受。

當我轉換成這樣的思維後，我覺得自己的身體似乎逐漸健康了起來。即使如此，還是搞壞了身體好幾次。每當我搞壞身體時，雖說也有接受醫院的治療，但只要站在畫布前，就能透過作畫讓康復的速度大大提升。我因而察覺，創作會在體內產生能量。然後我得到了一個結論：不管身體狀況再怎麼惡劣，都不該停止創作。

基於這個理由，我產生了拜會比我年長的藝術家們的想法，因爲我熱切地希望能聽聽看，他們的身心交流所激盪出的人生觀。於是我開始了這一系列的訪談。

不曉得將會聽到什麼樣的故事，各位讀者們，請和我一起拭目以待。

橫尾忠則

目次

瀨戶內寂聽

Jakucho Setouchi

95歲

現在的年輕人寫出了這麼多好作品。
我也不能輸給他們。

小說家、僧侶

1922年生
出家前俗名晴美。
僧位為權大僧正（譯註：日本佛教特有的位階制度，在十五級的僧位中，為第二高的階級）。
德島縣立德島高等女學校（現今為德島縣立城東高等學校）、東京女子大學國語（日語）專攻部畢業。
前天台寺住持，現為名譽住持。
比叡山延曆寺禪光坊住持。
前敦賀短期大學校長。
德島市名譽市民。
京都市名譽市民。
代表作有《夏之殘戀》《問花》（花に問え）《美在不和諧裡》（美は乱調にあり）《場所》（場所）等多本著作。
1997年完成《源氏物語》的日文白話文翻譯。
因至今為止的著作，而獲頒許多文學獎。
1997年獲選為文化功勞者（意為文化有功人士），2006年獲頒文化勛章。

11　瀨戶內寂聽

不拘泥。
帶著玩心。
樂在其中。
或許就是因爲樂觀以對，
才在九十二歲發生壓迫性骨折後，
還能恢復健康吧……

八十八歲突然發生壓迫性骨折

橫尾　今天是老人家的對談，您看我也帶了這種東西（助聽器）來。

瀨戶內　我也有戴。您看（將只有一個小指指尖大的助聽器從耳中摘下來，給對方看）。

橫尾　居然這麼小。完全看不出來（您有戴）。只有一顆蠶豆大而已。我的還有接著線，看起來很不像助聽器吧？

瀨戶內　眞炫。您戴著，就像在聽音樂一樣（笑）。

我也已經九十……幾歲啊？九十三歲？（二〇一五年八月對談時）。眞是不敢相信！

橫尾　瀨戶內師父，您怎麼還在說這種話？七十歲時，您也說過一樣的話喔（笑）。

瀨戶內　也是（笑）。雖然這麼說，但我眞的不敢相信自己竟會活到九十三歲。不過啊，（這副身體）畢竟已使用超過九十年了，耳朵是戴上助聽器就聽得見，眼睛是這隻（右眼）幾乎看不見，但這隻（左眼）看得見。還可以讀報紙。腳是雖然撐不了太長的時間，但也還能走路。所以，我到現在還很硬朗呢。

橫尾　不過，這幾年辛苦您了。第一次倒下，是發生在什麼時候？

瀨戶內　八十八歲的時候。

橫尾　那就是五年前。

瀨戶內　對。那時候我發生壓迫性骨折。壓迫性骨折就是脊椎斷裂。但我沒發現，照著平常那樣生活，結果痛得不得了……

橫尾　有沒有什麼導火線？

瀨戶內　我在飯店裡打包行李時，腰部傳來「喀」的一聲，我就開始痛了。一開始我以爲是閃到腰。雖然會痛，但因爲我只有自己一個人，所以還是硬把行李打包好了。後來，我搭上新幹線前去下一站，結果痛得我死去活來。但我不得不把事情辦好，所以我還是硬著頭皮辦完事情。

如果這時候就好好休息的話還好，但我爲了辦好另一件事，又去了下一站。下一站是婚禮，我只跟對方打了個招呼，就告辭了。在那之後，我還有別的事要辦，所以我又去了下一個地方。

好不容易回到京都，因爲我以爲是閃到腰，所以就去按摩店找師傅。師傅也跟我說「您這是閃到腰」，所以我就讓他幫我好好按一按，治治我的閃到腰。

橫尾　那個按摩師就是那個詐欺按摩師？

瀨戶內　對（笑）。

橫尾　瀨戶內師父的按摩費是一萬日圓，但我的要收三萬日圓，就是那個詐欺按摩師吧？我問說：「爲什麼只有我要收這麼貴？」他竟然跟我說：「因爲是瀨戶內師父介紹的重要客人……」這是什麼邏輯！比瀨戶內師父的價格還高，這樣豈不是對瀨戶內師父很沒禮貌嗎？而且他按的也完全沒效。

瀨戶內　眞奇怪（笑）。爲什麼我介紹給您的東西，都那麼糟糕。明明對我來說有效，對橫尾先生來說，卻一點效果都沒有，眞怪。

橫尾　之前還有一個騙子尼姑，我用了她的蒙古膏藥，結果把我害慘了。話說回來，給那個按摩師按摩後，腰痛就好了嗎？

瀨戶內　說起這個，還眞是一點都沒好。既不曉得原因出在哪裡，又痛個半死，結果就這樣倒在床上，爬不起來了。

後來，我「病倒」的消息傳開，好多名醫、祝禱師從日本各地前來探病，他們都跟我說「讓我來替您治療」。我就讓他們一一幫我診療，結果醫藥費實在很可觀。這件事橫尾先生最好也當作前車之鑑，小心不要重蹈我的覆轍了。

橫尾　那可眞是吃不消啊。不過，他們不會來找我的。

瀨戶內　其中，有個認識的報社記者來跟我說：「瀨戶內師父，其他人就算了，但這個醫生，說什麼也一定要讓他看一下。」

那個人好幾次來跟我說「一定要見見這個醫生」，所以我就去見了那個醫生。結果，那個醫生才見到我，就對我說：「您這是壓迫性骨折。」我問他什麼是壓迫性骨折，他就說「上了年紀後，因爲脊椎弱化，所以骨頭就斷裂了。」

然後我就直接被送去做ＭＲＩ（譯註：核磁共振造影），做出來的結果，還眞的是壓迫性骨折。

臥床不起的時候，也努力想著愉快的事。

瀨戶內　醫生告訴我「只要上了年紀，任何人都會發生這種事」，還說「一般人只要靜養三個月就會痊癒，但您有年紀了，一開始又沒有好好休息，所以要靜養半年」，他的態度非常冷淡。

但也沒辦法，我就只好照醫生說的，在床上躺了半年。躺了半年後，身體就愈來愈失去活力，結果眞的變得跟病人一樣了。

我在床上躺了五個月，就快躺滿半年的時候，發生了三一一東日本大地震。我是受到地震的衝擊，才重新站起來的。

我想說：「這種時候了，怎麼能一直躺著！」因而下床站起來，但是花了三個月才能走路。後來好不容易才去到了受災地。

橫尾　眞是辛苦您了。第一次病倒是因爲八十八歲的壓迫性骨折，那後來呢？

瀨戶內　那之後我一直很健康。但去年，剛滿九十二歲的五月，腰突然痛了起來，結果我又不能走路了。

第一次很折騰，但這一次也很折騰。連想上個廁所，都痛到沒辦法上。這就是老化現象。但大家好像都在這種症狀出現之前，就先撒手人寰。現在只要動動腰部就會痛，但還是能走路。

今天我急急忙忙的，結果把柺杖都給忘了。看來我還挺健康的（笑）。

橫尾　全身上下出現了老化現象，但嘴巴還是很會講，一點都沒老化（笑）！我身體局部性的疼痛，會隨著日子，在身體各處跑來跑去。

瀨戶內　疼痛會跑來跑去，您說得還眞傳神，聽起來很有經驗喔。

橫尾　啊，我雖然身體上有些疼痛，但沒有大礙，不必替我操心。請不要再介紹怪怪的人給我了。這不是只發生一次、兩次的事了。

瀨戶內　（大笑）我不會再介紹人給您了啦。再說，因為這是老化現象，所以也無可奈何啊。

橫尾　是啊，真的無可奈何。不過，我很驚訝的是，您不是九十三歲了？一個人八十八歲發生壓迫性骨折而臥床不起的話，一般來說，我們就會覺得這個人不可能再站起來了。我在思考您為何能如此長壽時，還是覺得，是不是因為您有在創作、有在寫小說的關係？我想聽聽您對創作（小說）和長壽之間的因果關係，有什麼看法。

瀨戶內　這個嘛，即使我因為壓迫性骨折臥床，但躺在床上那將近半年的期間，我真的很不愛那種一直躺著，完全不事生產的狀態。我開始寫小說後，一天也沒有停過。即使寫不出來，也會閱讀一些小說的參考資料。不過，那半年我真的就只能一直躺在床上，都快要躺出憂鬱症來了。當我出現「不如死了算了」的想法時，我才赫然發現「這就是憂鬱症的開始」。我心想「萬一真的演變成憂鬱症的話，可就大事不妙了」，所以才下定決心一定要治好這個症狀。

橫尾　您的憂鬱應該不是憂鬱症吧？是躁症狀態中的憂鬱狀態，您只是自己想要憂鬱的憂鬱吧？

瀨戶內　或許吧（笑）。可是，我以前從來沒有這樣過，才想說這一定是憂鬱症。所以我努力地讓自己去想開心的事。

以樂觀正面的個性擊退癌症，提升復原速度。

橫尾 您在壓迫性骨折之後，去年是不是又接受了癌症的手術？

瀨戶內 我身上一直有搞不清楚原因的疼痛，所以去做了各式各樣的檢查。但疼痛一直不消，所以做了止痛的神經阻斷術（譯註：注射麻醉藥在神經周圍）。醫生說他幫我注射的藥量是別人的兩倍，但還是毫無效果。

怎麼也找不出疼痛的原因，但又無可奈何，最後只好準備出院，就在這時候，有個年輕的醫生來找我，說在我的膽囊裡發現了癌細胞。

說起來，這件事追溯到很多年前，我二十五歲左右時，拋下家庭，進了一間小出版社工作。因為我笨手笨腳、派不上用場，所以被公司派去東京催款，當時我住在東京朋友的家中，半夜腹部感到劇痛。

我以為是胃痙攣，就先到附近的小醫院看診。結果醫生告訴我：「您這是膽結石。」醫生說要幫我取出來，就幫我做了處置……

醫生準備了一條橡膠繩，橡膠繩的一端接到袋子，另一端上有金屬配件，然後拿著金屬那端，對我說：「吞下去、吞下去……」那條繩子最後會通到膽囊。然後把事先裝在袋子裡的藥，注入膽囊中。那是一種可以吸出結石的藥。於是結石就一顆顆地掉出來，跑出來一大堆。我那時是用這麼原始的方法取出結石的。掉出來了好多像砂石一樣的小結石。取出結石後，當我要離開醫院，就看到那裡有一個玻璃的展示櫃。櫃子裡陳列的是病人的結石，其中還標示著「志賀直哉老師的結石」。當時我正在努力成爲小說家的道路上，但默默無聞，（可是竟然和志賀直哉老師得了相同的疾病，又在同一家醫院治療！）我就覺得這是個好兆頭。後來，膽結石雖然經常找上門來，但我都不以爲意。

橫尾　您還眞樂觀。您說的這應該是六十多年前的膽結石的故事了（笑）……那這次的癌症呢？

瀨戶內　這次的癌症是膽囊癌。年輕的醫生輕描淡寫地帶過說：「是惡性的。」接著就來了一個大醫生，這個醫生絕口不說「惡性」兩個字。

可是，那個醫生問我：「您想要怎麼做？」

我毫不猶豫地回答：「請幫我切除。」

我那時候覺得，癌症就像大人的青春痘一樣，任何人都會長。

醫生原本大概覺得，不可能有一個九十二歲的老奶奶想要動手術，但我要他幫我動手術時，說得那麼乾脆，所以那個醫生也馬上笑咪咪地說：「那我們就切除吧。」

我後來才聽說，他是一位有名的手術醫生。

我對手術是一丁點也不怕，但全身麻醉就不太行了。因為全身麻醉啊，被麻醉的時候是還好，但退麻醉的時候，聽說會說出不該說的話。這件事我不太能接受，但反正只有護士聽得到，我就想說也罷（笑）。

橫尾　看來您有很多不能說的事情喔（笑）？

瀨戶內　不知道自己會說出什麼話，總是會有疙瘩啊。可是，我把我對全身麻醉的擔心，告訴（芥川獎作家的）平野啓一郎先生後，他就把他奶奶被全身麻醉時的事說給我聽。

平野先生的奶奶比我大兩歲，名叫松子。聽說，松子奶奶在全身麻醉退掉的時候，說她夢到一個好美的夢，而且一直講著這件事。

她夢到的是，她人在國外一個像是鹿鳴館（譯註：明治時代日本華族接待外國國賓的宴會場所）的地方，穿著美美的禮服，和外國人跳著舞。她好像還不時會提到：「那個國家的國王雖然是個好人，但身邊有壞心腸的大臣，眞是教人擔心哪。」

橫尾　那是前世的記憶吧。

瀨戶內　或許是吧。可是，我也想做做那樣的夢看看，於是就對全身麻醉一點也不害怕了。橫尾先生，您有做過全身麻醉嗎？

橫尾　完全沒有！我也不動手術的。

瀨戶內　去做做看！記憶會咻──地愈變愈淡。我從來沒想過，全身麻醉的感覺竟然這麼舒服！

橫尾　那不就是死了也無所謂了嗎（笑）？

瀨戶內　是啊！我眞的想說，既然這麼舒服的話，直接這樣死去也無所謂。全身麻醉的感覺眞的很舒服喔。退麻醉的時候感覺也很舒服。醫生是在這之間幫你動手術的，但你自己完全不會知道。

手術後，醫生來告訴我手術的結果。醫生看我九十二歲，覺得我作不了主，就問我：「年輕人今天還沒來嗎？」然後等到我的年輕美女祕書來了，就一直只想跟我的祕書說話。看起來他從頭到尾都不信任我吧（笑）。

他還把切除的膽囊拿給我看，但我不小心脫口而出：「看起來眞好吃。」因爲我覺得，看起來好像內臟料理，在鐵網上烤一烤應該很好吃。

那眞的是個很簡單的手術。可是，在那之後，我在電視新聞上看到，千葉有七個人因相同的手術而死亡。

我實在覺得自己眞是遇到好醫生了，自己的運氣眞的很好。我這個人運氣眞的很好。

橫尾　瀨戶內師父，請您以後要介紹這種醫生給我，不要再介紹奇怪的按摩師給我了（笑）。

瀨戶內　眞的（笑）。從那手術之後，到現在爲止，我身上變得一點病痛都沒有了。

我的父母、姊姊、另一半們，全部都是得癌症離開的。所以，我才覺得得癌症理所當然，這是誰都會得的病。就算人家跟我說「妳身上發現了癌細胞」，我也覺得沒什麼了不起，一點都不會憂慮。

橫尾　是您這種樂觀正面的個性，擊退了癌症，又加快了復原的速度吧。

瀨戶內　嗯，我也這麼覺得。因爲我一點也不害怕啊。

橫尾　應該有很多人光是聽到癌症，就先陷入絕望，身體才會變得無力抵抗，而縮短壽命吧。

瀨戶內　應該有，應該有很多人是這樣。所以，我才敢有自信地說：「癌症沒有什麼好怕的。」

現在的年輕人寫出了這麼多好作品。我也不能輸給他們。

橫尾　您應該連得到癌症的時候，也有創作欲望吧？

瀨戶內　所以我眞的很討厭明明有心，卻放著自己的想法，什麼都不生產的狀態。

橫尾　即使沒有創作，但那段時間，您應該也讀了不少書吧？

瀨戶內　沒錯沒錯！我那段時間，讀了很多以前忙到沒時間讀的書、像這麼厚的書。

橫尾　一般來說，人生了病，就會變得沮喪，所以根本沒辦法看書。

瀨戶內　看書的時候，可以轉移注意力。我明明想寫文章，卻無法寫，所以只好看書了……

橫尾　看書對您來說，已經和創作化爲一體了嗎？

瀨戶內　我在讀小說時，不會邊讀邊想：「如果是我，我會這樣寫。」我是純粹爲了樂趣而讀的。讀完時，若是一部好小說的話，就會在心裡留下些什麼。心裡產生了化學作用，就會想說，那我也要來寫些什麼。

橫尾　以您的年齡，還能有這麼強的創作動力，實在不簡單。

瀨戶內　我會想說，年輕人正在爲我們創造出這些優秀的作品，我又怎麼能輸給他們，擱筆不寫。

橫尾　雖然您說「我又怎能輸給他們」，但您有感覺過自己是九十三歲嗎？

瀨戶內　我眞的不敢相信我已經九十三歲了！別人問我年齡時，我都會不自覺地說七十幾，更誇張的時候，甚至還說過二十幾。我的祕書會念我說：「又在謊報年齡了！」可是，我眞的是那樣想的。

橫尾　我在七十幾歲前，還保持著企圖心和好奇心。您九十三歲了，眞的有「企圖心」這種東西嗎？

瀨戶內　有吧……我自己不覺得是企圖心。只是因爲想寫就去寫。有時候，原本是想寫某種小說，但寫到最後卻變成完全不一樣的小說。寫著寫著，就會不停改變。這種過程也很有趣。

橫尾　不會改變的事，反倒會讓我覺得不安。我不喜歡替自己設定一個風格、形式，像機械化製作出的車輪餅一樣，一直製作一樣的東西。

我是今天會想寫跟昨天不一樣的東西，明天又會想寫跟今天不一樣的東西。

瀨戶內　這就是一種好奇心吧？

橫尾　或許是好奇心吧。不過，在我身上，與其說是好奇心，不如說是三分鐘熱度。

瀨戶內　我在您身上感覺到的魅力是，即使到了這個年紀，還會不停地追求改變。我想您今後也會一直改變下去吧。

當您以平面設計師的身分大獲成功，轟動全球時，竟然又突然改當畫家！明明已經得到世界級的名聲了，卻還覺得不夠，還要再成爲畫家，我那時還在擔心您說：「橫尾先生這樣，不知道能不能養活自己？」

不過，眞的成爲畫家後，又做得有聲有色。

就是您的這種改變，（讓我覺得很有魅力）讓我喜歡上您的。

您讓我覺得，這個人是眞正的藝術家。

橫尾　您想想，當我的創作得到稱讚，被稱讚過一次，就一直畫同樣的東西，這樣不是很蠢嗎？

我這個人只是很容易分心而已。我很怕自己沒有變化，一直停在同一個地方，所以會想要遇見不同以往的自己，創作不曾創作的作品，無論怎麼個不同法都好。所以我完全沒有向上精進的想法。

瀨戶內　按原有的步調，只要掌握了訣竅，照著這樣繼續畫下去，就能毫不費力地賺錢，但您這個人卻不喜歡這種狀態。您跟我不一樣的地方是，您對太太很專情，但我對男人很容易見異思遷。

橫尾　話題歪到怪怪的方向去了（笑）。不過，應該說這是您的老本行（譯註：瀨戶內寂聽曾寫下赤裸描寫女性性愛的小說）吧。對作品見異思遷，不會產生什麼大問題，但對男人見異思遷，可就是個問題了吧？一個換一個既麻煩，又耗費精力。

瀨戶內　反覆做這麼麻煩的事，確實有點蠢呢（笑）。知道是知道，但還是會反覆發生。

橫尾　說不定這也是長壽的祕訣，您以這個年紀，或說以現在的身體狀態，究竟身兼多少篇專欄連載？

瀨戶內　有小說雜誌《Subaru》（すばる）上的小小說，一個月一篇《東京新聞》報社的散文〈緣分現在的去向〉（縁の行方、今），《朝日新聞》報社的散文〈寂聽 剩下的日子〉（寂聴 残された日々），其他還有兩個月一篇《京都新聞》報社的散文〈天眼〉，就這樣吧？不過，篇幅都很短。

橫尾　短歸短，還是很花時間吧？無論篇幅長短，對身體都是個負擔吧？

瀨戶內　篇幅長反而比較輕鬆。可是，我想寫篇幅短的。篇幅短的話，需要很精鍊的構思。篇幅長的話，可以一邊寫，一邊浮現出新的想法，綿延不盡地寫下去，可能連自己都不知道最後會寫到哪去，或許這也是一種樂趣。

橫尾　我一想到需要體力，就沒辦法一直畫像以前一樣的大型作品了。所以，我改成畫大量的小型作品。

在小說方面，就是盡寫一些短篇小說。

瀨戶內　我以前就覺得，您一定也會開始寫小說。

您的小說應該都是不假思索就下筆吧？

橫尾　平野先生的說法是，一般而言，小說都會有主幹，但我的小說沒有主幹。他還說，沒想到沒有主幹，竟然也能構成小說。

瀨戶內　我完全能理解平野先生的說法。我也是沒有主幹。您寫小說就像是在畫畫一樣，色彩會變得愈來愈濃厚。

橫尾　我一想到自己所剩的時間，就覺得用來寫小說，太浪費了。與其寫小說，不如多畫一幅畫。我寫小說時不會感到痛苦。但畫畫時，是快感和痛苦兼具的。根本就是SM。

瀨戶內　看來小說只是您的休閒娛樂呢。

克服疾病的同時，帶著玩心，樂在其中，而不拘泥。

橫尾　話說回來，您談疾病時，也能說得這麼開心，好像疾病是件很有趣，還是很開心的事（笑）。

瀨戶內　可是很痛苦的。生病是很辛苦的。一邊躺著，一邊吃飯……我真的很不喜歡。我雖然喜歡泡澡，但會痛得不想去泡，有時什麼也吃不下，什麼也喝不下。什麼東西都引不起我的興趣。

橫尾　連吃飯時，都不會坐起來嗎？

瀨戶內　身體沒辦法坐起來。

橫尾　那您竟然能痊癒到現在這樣。之所以能痊癒，是復健的功勞嗎？

瀨戶內　對啊。因爲做了復健，不是給人按摩，而是做體操。治療師會來帶我做各種體操。

我從以前就很擅長體操，現在也是。我的腳可以一下舉得很高喔。大家看到都會嚇一跳，想說竟然有人九十幾歲了，還能做出這種動作。因爲大家的反應很有趣，所以我就會做各種動作給他們看。喘著氣也要做出來，讓大家開開眼界。

橫尾 所以您是一邊當成遊戲，一邊把身體治好的嘍？

瀨戶內 是啊，好像是肌肉增加了，疼痛就會減少。現在也會有女復健師，每週兩次來帶我復健。

橫尾 體操一次會做多久？

瀨戶內 一小時左右。

橫尾 一整個小時都在做體操嗎？

瀨戶內 對啊，一邊聊天一邊做！

橫尾 哦，嘴巴和身體都一起做體操（笑）？

瀨戶內 眞討厭（笑）。

橫尾 您個性上的優點，應該就是「不拘泥」和「帶著玩心」吧。

瀨戶內 對啊，我都會樂在其中。

橫尾　一般來說，要樂在其中很難呢。藝術家例外就是了。

瀨戶內師父，您的職業若不是小說家，不曉得您能不能這麼長壽。說不定會胯下風吧（笑）。有時寫小說，有時談戀愛，有時看書，有時聊天，然後就會湧出能量。

畢卡索、葛飾北齋、夏卡爾……這些藝術家，或許都是因爲這樣而延年益壽的吧。

二〇一五年八月一日
攝於東京內幸町的帝國飯店內

磯崎 新

Arata Isozaki

86歲

做出來的盡是未完成品，
沒有一樣是完成的。

建築師。一級建築士、工作室建築家。（譯註：一級建築士為日本國家認證的資格）

1931年生。
東京大學研究所建築學博士課程結業。
將日本的現代建築推上世界等級的建築師之一。
目前將工作的場所轉向海外，尤其是中國、中東與歐洲，
以過去自己進行過的各種實驗、或未建設的建築計畫為參考，
採用與結構工程的名家攜手合作創造出的進化論式工程結構優化等技法，
展現出有機形態的特殊空間。
主要作品有洛杉磯現代美術館、以巴塞隆納奧運競技場而聞名的聖喬治宮體育館等許多建築物。
1988年獲頒朝日獎，1996年獲頒威尼斯雙年展（Venice Biennale）上的建築金獅獎等多項獎項。

33　磯崎 新

一直忙得不可開交，
從來沒去想過自己是不是老人，
做建築的，身體不活動，
腦袋就會跟不上。
到頭來還是身體比較重要。

雖然被說已過花甲之年，但我還在工作崗位上沒有退下來的意思。

磯崎　橫尾先生，我跟您從五十年前就認識了，可是您一點都沒有改變耶。

橫尾　哪有這種事？一年比一年衰弱了。

磯崎先生，我想您應該有看到編輯部寄的委託信，我明年就滿八十歲了，我都沒想過自己能活到這個年齡。

我已經超過父親和母親的歲數了。比父親的年齡都超過十年了。如今經歷的這個階段，光用想像的，都會覺得自己進到了一個全然不同的領域。

然後，看到八十幾、九十幾歲的過去的藝術家的作品，就會覺得他們表現得很棒。

磯崎　原來如此。您是指他們到了八十幾歲，還會勇於嘗試新事物嗎？

橫尾　沒有錯。所以，今天想要向前輩的磯崎先生請教一下，關於創作年齡與身體年齡的關係。我不太會問問題，想先聽聽您的故事，我再從中提問。

我們都七老八老了，說您「七老八老」應該沒關係吧？已經進入了人生第二階段……雖說是第二階段，其實也進入最終章了，終點已近在眼前。

但我聽到小林秀雄的演講錄，當時他還只有五十九歲，明明只有五十九歲，他卻說：「我們應該要有老人意識，認清自己已經是老人了。如果到了這個年齡，行為、想法還跟年輕人一樣的話，那過去這些年歲，不都白活了嗎？」他才五十九歲就已經認為自己是老人了。

磯崎　唉呀，那個時代的人，我想他們要步入六十歲時，大概就跟您步入八十歲時的感覺一樣。

其實，我剛滿六十歲時，也是那種感覺。以前的人六十歲就說是花甲之年了。

您就要八十歲了，那就是慶祝八十大壽吧。可是，以當時來說。能活到八十歲，是很罕見的，因為以前的人覺得六十歲就到了花甲之年，就要從工作上退休了。

我六十大壽時，也被他們套上無袖短褂（譯註：在日本傳統習俗中，會讓六十歲壽星穿上紅色的無袖短褂），但那時候，我還在工作崗位上，一點要退下來的意思都沒有。當時，我才好不容易辦了一場展出完整作品的畫展，工作上又有了向前邁進一大步的發展，所以忙得不可開交。

以我自己的感覺來說，剛認識您那時候，我說我是都市設計師，既不是藝術家，也不是建築師。都市設計師的工作告一個段落時，我想：「往後得做出更正式的建築作品。」才終於成為一名建築師。那時是四十幾歲，之後專注地做建築，做了二十年左右，雖然心裡想著「我也該從建築工作上畢業了」，但又沒有個明確目標，就這樣過了六十歲。快到六十五歲時，發生了阪神大地震。當時我六十三歲，一九九五年的時候。因此，我覺得，現在不該做建築，應該回到原點，重新回來做都市設計的工作。我自己也十分強烈地想透過工作，爲日本追本溯源。我想說：「世界不停在改變，我也得跟著改變。」我是在剛好距今二十年前時，有了這樣的想法。就在阪神大地震發生時，我六十三歲的時候。

橫尾 話說回來，巴塞隆納的奧運體育館，是什麼時候蓋的？

磯崎 一九九〇年完工，奧運則是九二年舉辦的。所以，這剛好是在我花甲之年完成的。那之前，我還完成了洛杉磯的ＭＯＣＡ（日本編輯部註：洛杉磯現代美術館中，由磯崎新所建造的新館，於一九八八年開館），在那以前，我一直被各種工作追著跑。

橫尾 六十歲的花甲之年到七十歲之間，您會覺得自己是老人嗎？

磯崎 是不是老人這件事，其實不太會去想到。

七十七歲才萌生的老人意識。

磯崎 在日本，七十七歲稱為「喜壽」，我剛好在那段時期，身體發生了一點變化。七十七歲，跟之前都不一樣。我那時候才意識到，這就是老態。這時候，我才開始意識到自己是老人了，也就是萌生了老人意識。

橫尾 那我比較早一點呢。對於自己的體力，我的想法都比較負面。畢竟從小就一直有許多小病痛纏身。

磯崎 我讀過您的書，幾乎沒有一本不提到病痛（笑）。

橫尾 我都是趁著新舊疾病交替的空檔作畫（笑）。因為我是「疾病之神」。

磯崎 看您書上寫的，甚至讓人感到「這已經病危了吧」，但見面時，又看到您已經恢復健康了。我一直覺得您眞是個很神奇的人（笑）。

橫尾 （笑）。過獎了，我現在是每天換一種病，病名天天不同。早上醒來，就會發現痛的地方、有問題的地方又跟昨天不一樣了。

磯崎 這種感覺我懂。您跟我都得過帶狀皰疹。本來以為都不痛了，但最近，有時候又會發作，變成神經痛。

橫尾 您是七十七歲得到帶狀皰疹的嗎？

磯崎 是啊。

橫尾 我是七十歲的時候。生病的年紀我也比您早。還有就是顏面神經麻痺。

磯崎 啊，這我倒是還沒得過。

橫尾 這種病不用得啦（笑）。我是七十歲時，才第一次，該怎麼說……意識到「身體和心靈的分離」。七十歲以前，我的身體和心靈是完全分離的。雖然如此，但我七十歲以前都還好。有時愈是分離，愈會湧出強大的能量。我和數學家廣中平祐對談時，他也曾說，在物理世界裡，當對立的兩極，落差愈大時，能量就愈強。所以，分離反而對創造有好處的樣子。

磯崎 這一點，可能是您的特殊能力了。愈是有個看不見未來的阻礙擋在前面，愈能激發出活力，過著這種生活形態，是橫尾先生特有的生活之道呢。不斷累積這樣的人生經驗，也是您讓我十分尊敬的地方。

橫尾 您過獎了，本人可是過得很苦呢。

磯崎 我想這是一定的。但您不會讓人感覺到您的苦。

橫尾 周圍的人都覺得我是在裝病。連醫生都說我在裝病（笑）。

磯崎　這個醫生有點危險啊，沒有數據就通通看成是在裝病。我近來覺得，西洋醫學基本上是讓人信不過的。

以為「已不可能恢復」時，因中藥而得救。

橫尾　那您覺得中藥如何？

磯崎　中藥通常沒有什麼效果，所以基本上我不會吃。不過，藥性很強的倒是挺有效的。

橫尾　只不過，藥性強的中藥，也會有副作用。我現在也是多多少少會吃中藥。

磯崎　我的身體有過三次很大的低潮期，當我覺得不可能恢復時，都是靠中藥救了我。最初是一個韓國朋友送我的朝鮮人參。這是那個朋友年輕時，他太太跟著嫁妝帶來的朝鮮人參，因爲韓國傳統嫁妝中都會有朝鮮人參。他送了我兩根朝鮮人參，還給了我韓國的處方箋。我按照處方箋，加入薑、杏仁服用，原本我的體力已經虛弱到無論做什麼都恢復不了，結果服用了一星期，體力就開始慢慢回升了。

橫尾 那個處方是熬來喝的嗎？

磯崎 對，傳統的喝法。當時流行的韓劇裡，剛好演到皇帝快死時，別人餵他喝下濃稠的藥。就是那個。那個真的很有效。那之後，我靠著這個朝鮮人參復活了大概三次。

橫尾 在日本也買得到嗎？

磯崎 如果在日本買到的是真貨的話，還是有效喔。可是，那些有效的是來自北韓的人參。可能在北韓由中還找得到真正的朝鮮人參吧。

橫尾 提到北韓的話，連養生的話題，都會跟政治扯上關係（笑）。

磯崎 守護我們健康的事情，也會變得政治（笑）。暫且不談政治的事，從「復原」這件事來看，其實是不分年齡都會經歷的。只是，以前即使身體陷入低潮，也能快速復原，但到了這個年齡，所謂的復原頂多也只是維持現狀。

橫尾 再怎麼好，也只是如此而已。現在的體力不斷地衰退，這種情況在我身上，已經不能說是老化，而是老朽化了（笑）。

磯崎 彼此彼此（笑）。

做出來的盡是未完成品，沒有一樣是完成的。

橫尾　我覺得啊，您的工作是「建築師」，跟我們不太一樣，應該有更多體力上的工作吧？

磯崎　沒錯。畢竟我得要到工地現場去看。

橫尾　建造一個建築物，也需要相當長的時間吧？

磯崎　需要。三到五年內完成就算是快的了。以建築來說，一個建築物從開工到落成，中間會出現所有想像得到的問題。至於都市計畫，則是不知道何時會完成。如果包括都市計畫，我所參與的工作，說得誇張一點，做出來的盡是未完成品，沒有一樣是完成的。

橫尾　也就是說這些工作是沒有止境的吧。沒有止境不就等於是擁有無限的魅力嗎？

磯崎　的確是。

橫尾　我的話，不知道是個性如此還是怎樣，對於完成或成就感之類的事，我一直很逃避，或者說很抗拒。當我開始看到完成的終點時，就會在乾脆那個時點罷手。會想轉換到下一件事去。畢竟創造的快感，就在於通往完成的過程，完成本身一點都不重要。

磯崎　但創造出完成品就是藝術家的工作，所以對藝術家而言，這種想法存在本質上的矛盾呢（笑）。

橫尾　建築師應該無法如此吧？

磯崎　建築這件事，可說是非完成不可的。至於都市計畫，則是永遠都在進行過程中。透過您的關係，我受邀設計日本肚臍公園（日本編輯部註：位在橫尾忠則的出生地——兵庫縣西脇市的都市公園。西脇市幾乎位處於日本列島的東西、南北的中央，因此以「日本的肚臍」作爲宣傳）中的美術館（註：公園內磯崎新所設計的「岡之山美術館」是以火車車廂爲意象，因外觀獨特而引發討論。一九八四年開館）。因爲這是公共建築物，所以非完工不可。不過，當時我心想橫尾先生大概不會想要一個完成的成品，既然如此，那我就設計出以不完成爲前提的火車車廂造型，未來還可以不停增加車廂。我想，之後您大概會一直增加車廂下去⋯⋯所以，我就設計出後面要加上什麼都可以的那種建築物。現在只有三節車廂，以後要增加到二十節，還是多少節都沒問題喔。

橫尾　這眞是個有趣的設計。

磯崎　可是，在那之後，完全保留了最初的形式，沒有增加。因爲橫尾先生的興趣已經轉移到其他事物上了（笑）。

橫尾　應該說西脇市覺得那樣就是完成品了。我想，如果要再增建的話，就得要有人捐錢才行……所以沒有打算自己來做（笑）。我都沒有想到，建築師竟然會在設計建築物時，刻意以這樣的增設過程爲目的。更何況對方是公務員，他們恐怕只會想「這個建築師還眞奇怪」。不過，我個人是覺得，您的未完成品的理念很有趣，所以或許一部分的責任是在我身上吧。

如探險家、冒險家或考古學家般的工作。

橫尾　磯崎先生，您現在手上在做什麼樣的工作？

磯崎　現在手上有好幾個，其中一個是一九八五年埃及委託的工作。一九八五年，到現在幾年了？已經三十年了嗎？聽說，在埃及有很多木乃伊，地位比圖坦卡門還要高，但沒有地方展示，只好都放在倉庫裡。他們希望我蓋一座歷史博物館，存放這些木乃伊。建築物方面，他們已經決定找埃及當地的建築師來做。而其中的展示，他們想要全部交給我，所以我被叫到埃及去。換言之，就是做展示設計。我在他們那裡做歷史調查，建立起詳細的展示內容架構。但那是三十年前的事了。

過了二十年後，就是十年前左右，他們突然打電話來，告訴我建築物還沒蓋好。可是，已經有輪廓出來了，所以現在要負責內部展示的我過去做。可是，當時設計好的展示內容架構，我都忘得一乾二淨了（笑）。

橫尾　埃及做起事來還眞是悠哉，跟日本人的時間概念完全不一樣。他們可能是不看過去，也不看未來，一直都只看現在吧。打一通電話要隔個十年，這也很厲害。他們彷彿是一個把生與死看作一體的國家，所以一點小事是嚇不倒他們的。聽說，有個人在開羅替自己蓋房子，他是以死後要住的房子爲藍本打造的。他們的時間概念已經跨越生死了。話說回來，埃及那邊的負責人，應該全都換人了吧？有人在這段時間內往生也說不一定。

磯崎　當然換人了。畢竟整個政府都換了。

所以，我去那裡一看，建築物的確只建了一半。

不過，他們說內部的計畫也得要開始進行了。所以，我又重新設計了一遍。爲了做這件事，大約有五年，我在埃及和日本之間來回往返好幾次，才完成了新的展示案。

最後，我還和他們的政府首長一起吃飯。換言之，連負責的首長都點頭了。他們說，因爲這是國家級的建設案，所以需要總統的首肯。那時候「阿拉伯之春」的革命還沒發生，還是穆巴拉克總統執政的時代。他那時候還很健康，他的太太握有所有文化相關事物的許可權。

所以，只要得到穆巴拉克夫人的簽字，一切就能開始執行，我們已經準備就緒了，但簽字就是一直不下來。無可奈何之下，我只好先離開，讓我的工作人員留在那裡等許可。沒想到「阿拉伯之春」就發生了。愈來愈多人集結在革命的廣場上，各個大使館的派駐人員，也都紛紛開始撤離。

我是恰巧先回了日本，但幫我等待穆巴拉克夫人簽字的工作人員，搭的是商用民航班機的最後一個班次，才好不容易逃脫出來。

然後，革命發生了。革命發生了就發生了，但因我們建造的是「歷史博物館」，從詮釋歷史的面向來看，內容十分敏感。

最後，果不其然，到了新一任總統的時候，就擱置了這個歷史博物館的計畫。

橫尾　我看您是在他們的歷史脈絡中被耍得團團轉吧？不知該說是您很有埃及人式的耐力，還是該說您竟然能配合得了他們埃及式的時間。話說回來，現在如何了？

磯崎　前陣子又換了新政權，他們的方針又改變了，現在覺得還是非得執行這個博物館計畫不可。他們說，因為政權改變，所以原本的預算會變成怎樣都還在未定之天，不過還是非做不可，所以又把我叫去。我的身體已經不堪長途飛行，所以就請了代理人去，結果聽說「現在是齋戒月，所以政府等的單位，全都連絡不上」。還說「齋戒月之後是一個月的假期，所以這段時間都動不了吧」。

也就是說，還要繼續再拖延下去。從三十年前就參與的工作，所以一、兩年應該都算在誤差範圍內吧。畢竟內容是五千年前的東西，所以我想說，還是得靜下心來慢慢等，但我的體力有限。而且建築物幾乎都完成了，但內部都還沒動工。

橫尾　全日本大概只有您一人，在做這種時間若有似無的工作。那您每天都在工作嗎？

磯崎　沒有，工程也是，比方說有種東西在日本叫「生水泥」，不是會有攪拌水泥的車子開來，然後注入水泥嗎？這個在埃及，他們會從建造一個製作水泥的工廠開始著手。因爲博物館的建築物很大，所以要在那裡建一座工廠，在裡面攪拌水泥……聽說是這樣。而且，在日本，我們會接一條管子來注入水泥，但當地是用手推車運送。那麼大的建築物，卻是用這麼傳統的方式建造。

這就是我工作的對象。

橫尾　眞是要很有耐心呢。雖說如此，我彷彿可以看到您穿越時空、回到過去，在古老的時代工作的模樣。

磯崎　我是覺得，再這樣下去也不是辦法，裡面保管的可是五千年前的古文物，又不乏其他有熱情的人。

橫尾　但計畫還正在持續進行吧？後來是由別人負責，而不是您來做嗎？

磯崎　畢竟對方也換了一個世代。

橫尾　所以您的構想沒有實現？

磯崎　我們是制定出了一個大的骨架，不過這也根據情況做了改變。就像打造都市一樣。

總之，都市設計的工作就是，去到沙漠，去到森林，或去到還沒把山剷平的地方，然後思考如何在那樣的地方整頓土地，如何在那裡打造出城市的樣貌，像這樣一點一滴地加以設計。

橫尾　聽您這樣說，感覺好抽象好不現實。

這種需要花費很長的時間去完成的東西，聽起來，好像一直都在進行的過程中。在這樣的工作中，以您如今的年齡和體力，應付得來現在的工作嗎？

磯崎　對我來說，身為一個建築師，如果是建造建築物的話，就必須為了工作東奔西跑到最後一刻。

但若是都市建設的話，有時候工作的對象，是當地（外國）搞不清楚狀況的政府官員，或政府機關，跟這些人談到「未來的都市會變成什麼樣子」時，我反而會開始覺得有趣。因為好像會打造出一個前所未有的都市，這一點讓我感到很有趣。

橫尾　聽您這麼說，好像已經超越建築師的領域了。彷彿是在當探險家或冒險家，甚至是考古學家呢（笑）。高第（Antoni Gaudí）都會甘拜下風的。等到投胎轉世後，您來生一定還會再回來，繼續完成這些工作。該不會您前世就是埃及人吧？

身體不好好活動，頭腦就跟不上。身體還是比頭腦重要。

橫尾　磯崎先生，我一直以來都是靠頭腦、靠腦袋行動、訂定計畫，但現在變成要按身體的意思了。

如果不聽從身體的需求，而聽從頭腦指示的話，就不會發生好事，就會嘗到苦頭。

磯崎　我們是做建築的，身體不好好活動的話，最後腦袋就會跟不上。到頭來還是身體比較重要。狀態好的時候，就會有靈感；狀態差的時候，靈感就出不來。身體一差，什麼也做不了。只能好好休息。等到自然恢復時，再開始工作。

現在要我「每天上事務所，每天工作」的話，我的身體已經吃不消了。所以，現在只做最低限度的事。

討論的話，就是請對方來這裡（自己的住處），偶爾會去北京、上海，但施工現場的話，現在變成五次中只去一次。只能配合自己身體方不方便來做事。

我本身就不是像政治家那樣，跟誰都非得要打好關係不可的人。要我當政治人物，我眞的辦不到（笑）。

跟認識的人相處是還好，但也不是誰都好。關於這一點，我跟您從以前就認識，所以心情上很放鬆，說話的時候也不需要顧慮什麼氛圍，不過，跟一些剛認識的人或客戶，相處起來還滿提心吊膽的。

橫尾　跟個性合不合也有關吧。

磯崎　我從以前就非常好惡分明。近來，如果不貫徹自己的好惡，就會陷入身體欠安的狀態。

所以，我完全不上電視。這一點倒是幫了我不少忙。

橫尾　但您今天卻硬是被我挖出來，眞是對不起（笑）。

磯崎　哪兒的話（笑）。可是，要拍照還眞是緊張。

橫尾　那種拍照方式，眞的會讓人很緊張呢（笑）。

今天身體狀態還好嗎？

磯崎　我是配合身體狀態接受採訪的。不顧身體狀態的話，一定沒好事。

跟橫尾先生聊天，連平常不聊的話題都會聊到。

磯崎　橫尾先生，跟您聊天時，連平常不聊的話題，都會聊到呢。我從以前就想請教您一個問題，就是關於三島由紀夫的作品。

橫尾　三島由紀夫的作品我並非全部都讀過，也沒啥自信來回答。不過，我覺得三島很神祕主義。我是讀了他的《英靈之聲》（英霊の声）《美麗之星》（美しい星）之類的怪談小說，才有這種感覺。

磯崎　我也這麼覺得。這種話題，除非跟您談，不然別人都聽不懂。能夠聊這種話題的人，應該很少吧？

橫尾　或許吧。三島最後雖然有寫下關於我的事，但那不是在寫我。只是借我的名義，把自己想講的事全部說出來而已。

他說，藝術到頭來只不過是靈性上的接觸。那篇他專門在寫我的文章〈爆米花的心靈術——橫尾忠則論〉（ポップコーンの心霊術—橫尾忠則論，收錄於筑摩文庫《藝術隨想——三島由紀夫的散文〈4〉［芸術断想—三島由紀夫のエッセイ〈4〉］》）裡，有提到這件事。

三島先生是文學家，他既不想讓人知道他是同性戀，也不想讓人知道他相信神祕學的一面。

磯崎　我對三島由紀夫的理解，只有《英靈之聲》和《文化防衛論》（文化防衛論）這兩本書。

橫尾　我覺得這樣的理解非常正確。那兩本書應該算是三島先生的核心思想吧。

磯崎　沒有這兩部作品的話，三島就不是三島了，而且其他人也絕對寫不出這樣的作品。我對天皇的理解就跟《文化防衛論》一樣。三島有寫到「那時候，陛下不可變成人類」之類的話。雖然現在並沒有形成一種理論，但這就是天皇論的核心。陛下在成為「天皇靈」的容器時，就會化為「天皇」。天皇駕崩後，天皇靈又會進入下一個容器中。所以，靈是不斷延續的，但容器則是代代不同。這種話題，我都無法跟其他人談論。

橫尾　提到《文化防衛論》，我想三島先生現在應該會說：「你們看看，不就跟我說的一樣嗎？」（譯註：《文化防衛論》是在論述隨著文明的進步，日本文化面臨式微的危機，並提出如何以將天皇當成一個文化概念，為日本文化力挽狂瀾）話說回來，像是《英靈之聲》也是大家很少談論的話題。所以實在很難跟其他人聊這類話題。我會把這件事跟驛站接力賽（譯註：源自於日本的一種長跑接力賽）聯想在一起。接力賽中的斜肩背帶（譯註：交棒時傳遞的不是接力棒，而是斜肩背帶）就是靈，這個靈會交棒給下一個跑者，也就是下一個身體。下一個跑者就像是在運送這個靈。

磯崎　外國人反而比較會談這種事。或許比起日本人，外國人更容易理解這個理論。

橫尾　三島先生身上存在著一種自己不是這世上的人類的想法。可能覺得自己是屬於天上的人吧。關於這個想法，他是寫在《美麗之星》中，但這是他評價最差的一本書。

磯崎　對啊（笑）。

今天我們的對談，就是為了讓我知道靈泉這件事。

磯崎　我今天還有另一件事想請教您。

三一一的大海嘯來襲時，我恰巧在中國湖南省長沙，那裡有一間博物館，收藏當地挖掘出的兩千三百年前的木乃伊（馬王堆），我就是爲那間博物館的設計比賽，前去做簡報的。當下我無法回到東京，只好在中國、西日本遊蕩了一陣子，兩個多星期後，一回到東京，我馬上就病倒了。後來才知道是主動脈剝離。結果一直好不起來。我當時還開玩笑地說，該不會是被木乃伊詛咒了吧？不過，心裡卻覺得，這次該不會光靠中藥也治不好了？於是我就想說，看來只能去能量景點（譯註：Power Spot，指氣場強大、具有特殊力量而能帶給人能量的場所），吸收一點當地的能量，否則大概沒辦法讓我這個每況愈下的身體復原吧。

這時，我忽然想起，自己曾經調查過伊勢神宮在建築方面的由來。據說，內宮（譯註：伊勢神宮分成「內宮」與「外宮」，前者供奉天照大神，後者供奉豐受大神，兩宮位於三重縣伊勢市內的不同處）接到神的告知說「神（天照大神）餓得不得了」，並要求人們把能夠準備食物的另一個神，帶到「眞奈井」。人們就把那個神（豐受大神）帶至眞奈井，進行祭拜儀式，這個地方也就是後來的外宮。所以，外宮等於是伊勢神宮的飯廳。於是變成每天要在這裡早晚各一次，提供神明用餐（神饌）。

我想起了這個由來，便想到眞奈井說不定是一個能量景點。

天橋立（譯註：位在京都靠海灣的一處狹長沙洲，是日本三景之一）連接內陸之處，有一座神社名爲籠神社，據說是伊勢神宮的原址，就在它的後方還有另一座神社，叫做「眞名井神社」（譯註：「眞名井」與「眞奈井」發音相同）。我去到那裡，發現那裡有磐座（譯註：日本古神道信仰中，認爲神靈會降臨在岩石上，那些岩石就會被當成「磐座」祭祀），大家都在那裡汲水。一問之下，原來那裡就是內行人才知道的世界最早的能量景點。聽說來這裡汲水的人，不乏來自全球各地的神祕主義者。我喝了那裡的水，果眞不錯。經常聽到哪裡的水是沏茶的好水，但我想應該跟能量景點的水不太一樣。現在只要抽得出空，我就會想去走訪能量景點。

橫尾　磯崎先生哪，在群馬縣水上町的上牧，有個釋迦靈泉。之所以叫靈泉，是因爲有個母親在發現那個靈泉後，就忽然變得能與天神交流。那個母親在戰爭結束之際，看著西邊的天空，雲彩突然向她蔓延而來，八百萬眾神（譯註：指日本神道中的所有神明。八百萬是表示眾多之意，而非實際數字）一字排開，出現在雲彩之上。那個母親從來沒有過這樣的經驗，所以嚇了一跳。

磯崎　像是出口直（日本編輯部註：一八三七～一九一八年。新宗教「大本」的教主。在大本宗教中，稱其爲「開祖」。在江戶時代末期～明治時代中期極貧困的生活中，發生了受到日本神話高級神「國常立尊」附體的現象）那樣嗎？

橫尾　對啊。然後，她大腦內的意識，化成了語言。因爲是戰後，所以神明告訴她：「今後必須重建日本這個國家。爲此，妳必須去幫助眾人。」我已經忘了詳細的過程，但那個母親發現了那個靈泉。後來有人去調查了那個靈泉，結果發現泉水有很強的殺菌力。還有外國人來進行各種調查，最後結論是這個靈泉非常厲害。對那個母親來說，這個發現好像就是所謂的「幫助眾人」。

我這四十三年來，都會飲用那裡的水（群馬縣釋迦靈泉https://www.shakanoreisen.com）。

磯崎　至今為止，我也到處嘗試過各種天然的冷水或溫水。

橫尾　釋迦靈泉的水跟一般販賣的水完全不同喔。首先，那裡的水不會腐敗。我每次都會請他們送來五桶約十公升塑膠桶裝的水，喝完後再請他們送新的來，所以冰箱放不下，都是常溫保存。那個塑膠桶上有附水龍頭，我會從水龍頭將水裝進保特瓶裡，再把保特瓶放在冰箱裡。我非常推薦這裡的水。

磯崎　橫尾先生以外的人也可以向他們訂購嗎？

橫尾　當然可以。請您務必嘗試看看。

最常聽到的是喝了之後「癌症痊癒了」，還有從來沒聽過的「莫名的疾病痊癒了」，很多這一類的消息。另外，還聽說有頭髮稀疏的人頭髮長回來了。以前，中曾根先生（譯註：中曾根康弘，七十一至七十三任的日本首相）經常去那裡。他一直很在意自己的頭髮。

磯崎　我甚至覺得說，我接下來的日子都只能靠那種力量，才能好好活下來了（笑）。我終於知道您為何精神這麼好了。

橫尾　我這四十三年來，天天都喝，從不間斷。

您可以和其他的水比較看看。完全不一樣。我今天也裝在保特瓶裡帶著走。我可以倒一點給您喝。

磯崎　（注入小杯子中飲用）哇，好喝。小時候有一首童謠唱說「那裡的水很苦唷，這裡的水很甜唷」。沒想到會有這麼甜的味道在口中擴散開來。哎呀，我看今天我們的對談，就是爲了讓我遇見這個水。

橫尾　光是這樣我就值得了（笑）。

二〇一五年九月四日
攝於東京廣尾磯崎新的住家

野見山曉治

Gyoji Nomiyama

97歲

畫大型畫作，會有一種暢快感。
彷彿奔跑般令人感到愉悅。

畫家

1920年生。
東京美術學校（現今為東京藝術大學）畢業。
以故鄉的炭礦風景為創作的藍本，而後又旅居巴黎十二年，畫風轉為抽象畫。
歸國後，於東京藝術大學任教，成為該校的名譽教授。
除了繪畫外，還協助「信濃素描館」的館主窪島誠一郎，為收集、保存戰死的美術生的遺作，而四處奔走。
這也使他後來成立了「無言館」（1997年）。
獲頒許多獎項與獎章，包括1996年的每日藝術獎，2000年的文化功勞者，2014年的文化勛章等。

永遠都只有「當下」。
不去思考過去。
也不預測未來。
只有人類會受年齡牽制，
限制自己的行動。

只不過現在九十四歲而已。完全沒有自己是老人家的自覺。

橫尾　今天的主題是老人的對談。不過，這個對談的宗旨和主題，有跟沒有一樣就是了……我明年就要八十歲了。我長期拜讀您的日記。您經常四處活動呢。像是往返於九州和東京之間，還經常外出看展覽之類的。

野見山　是啊。

橫尾　這種好奇心的原動力是打哪來的？您是如何將身體年齡和創作年齡化爲一體的？還是說兩者是分離的？我想從這個部分開始請教您。

野見山　這個嘛，其實我沒有上了年紀的自覺。

橫尾　拜讀您的日記時，確實有這種感覺。

野見山　因爲沒有自覺，所以我照平常那樣到處活動，人家就會說我活動得很頻繁。但我也沒有勉強自己活動，只是照平常那樣活動而已。

橫尾　您從來不會去注意自己的年齡嗎？

野見山　從來不會。

橫尾　您的身體年齡是九十四歲吧？

野見山　對。關於這一點，我並沒有「我是老人家」的自覺。因爲沒有自覺，所以遇到他人時，反而會手足無措。

比方說，上樓梯時，有人會來攙扶我，但因爲這樣反而危險，所以就不希望別人來碰我。我會說，我自己上去就好了，然後對方就會用難以置信的表情看著我。那種時候，因爲別人這樣看我，所以我也不得不配合對方。我覺得，有時候裝出一副老人的樣子，會比較輕鬆。

橫尾　那就是老人僞裝成老人嘍。

不過，拜讀您的日記，會看到您常常上醫院。

但又不是眞的有什麼特別的疾病。

野見山　喔，那個啊，那是我自己讓自己摔一跤，才去看醫生的。

換句話說，就是我自己替自己製造看醫生的原因。身邊的人會對我說：「您要是以爲自己可以一直年輕，那就大錯特錯了。」還有人說：「您要是有一點老人的樣子，就不會摔成那樣了。」（笑）

橫尾　您反而把這當成一種遊戲了（笑）。

永遠都只有「當下」。不去思考過去，也不預測未來。

橫尾　我自己是把身體年齡和藝術年齡兩者分開來看的。我覺得，五十幾歲時，創作欲最強，也很有活力。所以，我現在把我的藝術年齡，設定在五十幾歲。

野見山　哦。這眞是很會想呢。

橫尾　沒有，並不是很會想。我不是先有這種想法才開始做的，而是漸漸覺得，身體和藝術之間似乎有這一層關係。

不過，實際上的身體年齡，還是會不斷老化。

野見山老師的話，身體年齡也很年輕，所以跟我不一樣（笑）。

我是跟身體年齡比起來，藝術年齡比較年輕。或許還不到五十幾歲。不過，身體年齡的歲數不斷在增加，不斷在退化。

所以，拜讀老師的日記時，會想說，爲何老師對「老」的自覺會比一般人低，又這麼有行動力？

您是如何讓自己抱持這種想法的？

野見山　我無論何時都只活在當下。我既不會想著過去如何如何，也不會預測未來如何。只有活在當下。

橫尾 您的繪畫總是給人一種瞬間技藝的感覺，看來您把這種技藝也實踐在人生之中。不知您能活到幾歲……應該隨隨便便就能超過一百歲吧（笑）。

野見山 （笑）。我不會去想這種事。說起來，以我家來說，我父母這時候也都很健康。我家不只是我，好像大家都沒認清自己的年紀（笑）。

我每年夏天都會到九州的海邊，會在那裡游泳的，只有我和我弟弟（笑）。我弟弟也將近八十了吧。我跟我弟弟還一邊大笑，一邊說：「在游泳的只有我們（老人）而已，這有點怪吧？」

橫尾 您會不會覺得，透過作畫能使身體長保健康，讓身體具有耐久力？

野見山 不，這倒不會。只不過，我自己倒是有在作畫上變遲鈍的感覺。比方說，在做一些瑣碎的事，像是調合油畫顏料時，原本只需要花一天時間的工作，現在變成要花三、四天。時間彷彿咻地一下就過了。這時候我就會覺得，自己果然是上了年紀。

橫尾 我最驚訝的是，那幅畫（指著野見山正在製作的一幅畫）應該是兩百號（約為二・六公尺×二公尺）左右吧？這幅應該是一百五十號（約為二・三公尺×一・八公尺）左右吧？尺寸還眞大。我這一兩年，畫布的尺寸都縮小了。

野見山　是這樣嗎？但我很佩服您的生命力呢。我從年輕時，就覺得我們畫不出像您那樣的作品。

橫尾　哪兒的話。我啊，現在已經沒有辦法畫大型的畫了。爲了配合身體（的狀態）作畫，所以畫的尺寸就開始縮小。可是，配合身體的話，身體就會無限老化下去。於是，作品的尺寸也愈來愈小。說不定會變成這麼小（指大約五公分正方的四角形）。我覺得這樣下去不太妙，所以想要把作品的尺寸恢復到兩百號的大小。現在正在搬運剛架好的畫布。要是配合身體而讓作品愈來愈小的話，最後就會完全畫不動了。萬一有一天認爲自己可以不用再畫了，那可就糟了（笑）。

只有人類會受年齡牽制，限制自己的行動。

野見山　我想過一件事。只有人類才知道自己的年齡。因爲其他的動物根本不會知道自己幾歲。狗不會想說「我年紀也大了」。只不過是變得懶得動了，才安靜地待在那裡……人類因爲知道年齡，才會想說：「我已經是老人了，我只剩下幾年可活了。」我覺得，我們是被數字牽制，而反過頭來限制自己的行動。

橫尾　其實，我在七十歲生病之前，也不曾感覺到自己的年齡，但七十歲時，一下得了兩種病。

也不是什麼了不起的大病，就只是帶狀皰疹和顏面神經麻痺而已。

野見山　啊，那可很難受啊。

橫尾　那時候，我才第一次感覺到：「啊，我真的上了年紀了，已經是個老人了。」在那之前，我從沒想過自己是老人。

野見山　啊，生了重病果然會改變。我當兵的時候，胸部積水，好像是罹患叫做胸膜炎的病。胸口會發出「咕嘟咕嘟」的聲音。我在靠近蘇聯邊境的小小陸軍醫院裡，得不到完善的處理，就是待在那裡等死。那真是一場重病，我也很佩服自己竟能活著回來。花了三到四年才治好並且恢復正常。後來都很正常，重病只有得過那一次。不過，生重病那時，只有二十幾歲，所以不會有「我以後就是老人了」的感覺，只有「啊，治好了」的感覺。

橫尾　聽了老師您的故事，真是讓人感到驚奇。您對於年輕、健康、創作欲，還有身體或年齡之類的，真是一點執著也沒有。

野見山　這可能是因為我沒有上了年紀的自覺吧。是眞的沒有自覺。不過啊，沒有自覺的話，還挺不方便的。我是覺得，還是要有老人的自覺比較好（笑）。

橫尾　（笑）但我從剛才就一直聽到您在講沒有自覺有多好，我也想要變成像您這樣，在您的日記中，的確經常表現出，您對自己的年紀沒有自覺呢。我拜讀您的日記時，也覺得您會做出一些很亂來的事（笑）。我覺得，野見山老師很隨興而至，比方說會和朋友一起計畫到國外旅行，這種不拘小節眞的很了不起。我已經放棄到國外旅行了。

到國外旅行，會因為時差調不過來，引發各種疾病，所以我已經六、七年沒出國旅行過了。

野見山　不是因為身體不好吧？

橫尾　身體是沒有不好，但出了國再回來時，每次身體都會變差。一下是感冒，一下是失眠，老是得一些莫名其妙的病。

野見山　原來如此。

橫尾　所以我很佩服老師可以經常計畫出國。最近也有出國的計畫嗎？

野見山　的確是有計畫（笑）。但我有想說，不要再去太遠的地方了。

橫尾　不過啊，像是內田百閒、谷崎潤一郎，他們都是從頗年輕的時期，就老是在寫病痛啦、死亡啦之類的文章了。

讀到這類作品的時候，我就會感到安心（笑）。不過，聽到您的故事，又覺得無法安心了。實在太超乎人類了。

野見山　（笑）。

橫尾　啊，上一位也說過，他有相同的煩惱。和您見面眞是無法安心（笑）。我也要立刻切換我的思考方式，不要再去想自己的年齡。理智上是可以這樣想，但一整天下來身體要痛個好幾回，又很倦怠，每天都換一種病痛。然後，去了醫院，醫生又說：「你都自創疾病，又自行痊癒。」

野見山　可以自行痊癒，還滿好的（笑）。

橫尾　醫生倒是說我是個讓他很沒有成就感的病人（笑）。

老是對自己的高齡感到不可思議。

橫尾　您現在也是一直在這裡作畫嗎？

野見山　是啊，因爲也沒有其他事可做。我的生活就只有這個。

橫尾　作畫這件事是沒有終點的。

野見山　是啊，沒有終點。

橫尾　只要想畫就能畫，想停就能停。

野見山　我這個人好像對時間很小氣。待在那裡什麼都不做的話，我就會覺得時間一直在浪費，我是被時間追著跑。不做點什麼的話，就會覺得不安穩。

橫尾　不過，以這樣的畫布尺寸，要以大筆一揮的方式，畫出這麼豪放的筆觸，是非常消耗體力的吧？所以這應該不是頭腦先想好，才畫出來的作品……

野見山　不是，我是靠身體畫出來的，也可以說是靠觸覺畫出來的。

橫尾　就是說嘛。所以我拜見這幅畫時，就覺得您身體十分硬朗。

野見山　哪裡，其實對自己的年齡有自覺，是有很多好處的。我就是因為沒有自覺，才會在關門前一刻衝上列車，結果摔了一跤，就骨折了（笑）。

橫尾　（笑）。

野見山　特別是最近，別人一聽說我的年齡，就會對我特別照顧。我到很多地方去，就只有我會被帶到特別座。因爲我年長，就會有人請我向大家打一聲招呼。像這樣被當成老人供在那裡，會讓我覺得自己愈來愈像一個展示物。我總是覺得不可思議，想說，我已經這麼老了啊（笑）？

想說說看老人家常說的「你們年輕人就是……」

橫尾 您在沒有預計開畫展等的目的時，也會作畫嗎？

野見山 大部分的時候都是如此。因爲我認爲畫畫就是我的工作，所以跟開畫展沒有太大的關係。

橫尾 沒有關係啊？也就是說，畫好作品後，會有藝廊或美術館來帶去展示而已。這一點我也跟您一樣。

野見山 我雖然是畫家，但幾乎不是靠畫畫維生（笑）。因爲我不是靠賣畫維生的。

橫尾 （笑）。拜讀您的日記，會發現您有許多邀稿和演講。

野見山 是啊。我是靠這些加起來維生的。所以，和其他畫家朋友聊天時，我都會想說同樣是畫家，原來人家是這樣啊，然後開始感到焦慮。也不是焦慮，只是畫家通常都是靠作畫維生的。

橫尾 作畫很難稱得上是一個職業呢。比較像興趣，甚至可以說像是玩遊戲。

野見山　是啊。所以說，我要寫職業欄時，都會想，這眞的稱得上職業嗎？這會不會只是一種興趣嗜好而已？畢竟，我也不是把這件事當成賺錢的工作在做。雖然不是靠賣畫維生，但感覺上是靠作畫維生的。

橫尾　我曾經在美術館裡，看到您在看畫，您經常上藝廊對吧？去看您的學生或其他年輕人的畫展。野見山老師自己的風格已經形成了，我想應該不用再接受年輕人的刺激或影響，但您與那些人的交流，是不是能爲自己的生活或創作帶來能量？

野見山　這我倒是沒思考過。

橫尾　那您爲何要去看那些展覽？

野見山　應該是……爲什麼呢？應該是因爲交情吧。

橫尾　畢竟老師來看的話，年輕人也會很開心。您應該也常常喝酒吧？

野見山　最近啊，都只有喝一點點。

橫尾　我從以前到現在，都是滴酒不沾的。所以，我既不會去那種喝酒應酬的場所，也不會設想自己要去那種場合。您不會覺得把時間花在那上面很可惜嗎？我和畫家們幾乎完全沒有交流。把時間花在與人交際應酬或其他事情上，您不會覺得浪費嗎？

野見山　我從年輕時起，就有一種畫家就是要喝酒的感覺。可能我從以前就很常跟人來往吧。不過，應該是十年前左右吧？我喝到不支倒地過一次。

野見山的祕書　不，老師，您是常常喝到不支倒地。在酒宴上，因爲大家都會來敬酒。就算每次只喝一口，但好幾個人敬酒下來，喝的量自然會變多。結果因此而貧血。

老師畢竟也有年齡了，所以當場就叫了救護車。但救護車抵達時，老師體力已經恢復。可是，救護車是一旦到達現場，就算人已恢復，還是非把人送到醫院不可。然後，在醫院全部檢查一輪。但老師到醫院時，已經完全清醒了（笑）。

野見山　這種事反覆發生過好幾次後，一般人可能會想說：「再這樣喝下去，又要叫救護車了。」但我不會想那麼多。我不會事先警戒，不會告訴自己喝到這裡就要停了。因爲沒有自覺，所以老是到了事情發生後，才想說：「唉呀，我又來了。」

橫尾　不過，沒有自覺是件好事啊。不拘小節、不往心裡去的生活方式，不正是當畫家的王道嗎？

野見山　我不把自己想成是老人，所以經常出錯。畫家堀文子（對談當時九十七歲，現年九十九歲）女士曾經說過「你們年輕人眞好」之類的話，這種話我也想說一次看看。也就是說，我想學人家說老一輩常說的「你們年輕人就是如何如何」這類的話，但我覺得年輕人都跟我一樣，所以說不出這種話。

橫尾　不過，以畫家來說的話，的確比較沒有年齡上的差距呢。

野見山　是啊，現在是已經沒關係了，但我以前常常被別人說我很狂妄。因爲我覺得大家都是畫家，所以對前輩也會以平等的姿態說話。

但現在變成老爺爺了（笑）。

橫尾　已經沒有前輩了（笑）。

野見山　已經沒有人會指正我了（笑）。只不過，我會一直黏著年輕人，在他們身邊不安分地打轉。

橫尾　我也這麼覺得（笑）。我個人倒是很喜歡孤獨。

野見山　嘿～

橫尾　從以前就是如此。我沒有交過像您這樣的畫家朋友。雖然也認識像李禹煥（譯註：韓裔美術家，本書中的第六位受訪者）這樣的人。池田滿壽夫（譯註：日本畫家）生前，我有時會和他偶遇，就順便聊聊天，但從來沒有約出來見面過。所以我已經有十幾年，沒有像現在和您對談一樣，和同業者坐下來聊這麼久了。

畫畫不是一件可以教，也不是一件可以學的事。

野見山　我覺得，要成為畫家，最不能做的就是進繪畫學校。兩、三天前，我遇到一個在好萊塢擔任電影化妝師的女性。聽說她從來沒有上過化妝課，全部都是她自己摸索出來的。聽她這麼說，就覺得什麼都不學，就投入一件事，這種做法眞好。所以，我覺得為了成為畫家而去讀繪畫學校，是最無趣的做法。

橫尾　我的學歷是高中畢業，我也從來沒進過專門學校，所以融化顏料的方式或畫筆上色技巧等，全部都是自創的。

野見山　哦，這樣眞棒。向人學習捷徑，這是最要不得的。所以，我覺得進繪畫學校學畫，好像不太對。

橫尾　可是，您在學校教的，應該也有教到技術層面吧？

野見山　沒有，那些我完全沒有教。其實，我當老師的原因，是畫家沒辦法向銀行借錢。銀行跟我說，您要是領月俸，我們就借您錢。剛好那時藝術大學請我去教書。所以，我才有錢蓋這間工作室。可是，我當老師一下子就生厭了，我已經向他們請辭。因爲我不適合當教師。我沒有東西可以教人啊。我到底要教什麼？因爲畫畫是沒有東西可教的啊。

橫尾　我也是沒有學過繪畫的基礎，所以有一次，我想向一個繪畫大師學習一些基礎，但是被拒絕了。

野見山　幸好您被拒絕了（笑）。

橫尾　是那位老師的太太對他說：「您絕對不能教橫尾先生。」

野見山　我是以過來人的身分，眞心告訴您不要學比較好，但那位太太說那句話應該是出於競爭者的心態（笑）。

橫尾　不過，我也曾在多摩美術大學的研究所擔任過教師，研究所的人大多都是在搞觀念藝術（Conceptual art）而不是在學畫畫。所以就算想學畫，在那裡也學不到東西。我在多摩美術大學裡做的是，老師們到學生們各自的畫室，一同對學生的作品進行批評。那些批評還挺有趣的。我就是爲了聽那些批評而去的。

可是，我也是想說自己不適合當老師，所以還不到退休就辭職了。待到退休的話，至少還可以拿一些退休金，但我等不到那時就辭職了。

野見山　我在正式跟藝術大學請辭前，遞過四次辭呈，直到這次他們才受理。

橫尾　可是，您的學生辦了許多展覽呢。

野見山　確實。我跟橫尾先生不一樣，我經常和學生們把酒言歡。我會在喝酒時對學生說：「我還想說你最近是不是生病了，你畫的畫好怪啊。」這就是我替他們上的課。

橫尾　現在那些學生們也會來您的工作室嗎？

野見山　之前常常來。現在我成了老頭子，就不常來了。

野見山的祕書　大家好像是擔心老師太忙，才不敢常常來的。

野見山　不過，我和其他老師不一樣，他們當時來我這兒，就像到朋友家一樣，頻繁地進進出出。

九十四歲照樣搭電車，終於有人讓座了。

橫尾　您回九州的工作室時，有跟許多人見面。這樣有時間作畫嗎？我看您經常在日記上提到。

野見山　因爲那裡的人都在等我啊。

橫尾　所以您才脫光衣服，到海裡游泳之類的，對吧？

野見山　那個啊，不是生長在海邊的人，看到就會覺得很驚訝。其實那對我來說，就像是在浴缸裡泡澡的感覺（笑）。

橫尾　（笑）感覺就像是自己家中的露天浴吧。

野見山　沒錯沒錯，就像是露天浴。只要像這樣泡著就可以了。再戴上浮潛用的呼吸管，就可以漂浮了喔。我有拍照，拍出很像在深海裡的照片。大家都誤以爲我游進很深的地方。

橫尾　我看您的面相，覺得您臉上的光澤像是七十幾歲的人。野見山老師看起來比我的同學（當時七十九歲）還要年輕。

野見山　哪裡哪裡，我是到了這個年齡才比較好，以前去參加小學同學會，每次拍大合照，就會變得好像一個學生站在一群老師之中。因爲我本來就長得娃娃臉，臉看起來就比較年輕，所以我常常不知所措。

去當繪畫的評審時，也是只有我一個人被丟下。我常常遇到明明有報社的人引導說：「來，老師們請搭上這部車。」結果只有我被留在那裡，我還在那邊想說：「奇怪，大家都到哪去了？」

有一次，到美術館進行評審，警衛跟我說：「今天是休館日喔。」我回說：「好的。」然後打算進去時，對方就一邊趕我，一邊說：「就跟你說今天休館了。」年輕時，因爲看起來太年輕，害得我老是很困擾。現在就覺得好多了。

橫尾　保持著年輕外貌來到這個年紀，還能聽別人說「看起來好年輕」，這樣不是很好嗎？

野見山　現在搭地下鐵，都會有人讓座了，我覺得這樣很好。可是，祕書跟我說：「搶著在關門時衝上列車而摔跤的人，哪有資格叫別人讓出博愛座。」（笑）

橫尾　（笑）不過，今天您開口第一句就是「不要思考（老年或死亡）」，其實這個對談就變成到此爲止，什麼也說不下去了。我也只能回說，喔，這樣啊（笑）。要抵達「不思考」的境界，我想是要透過努力或修行，才能得到的結果，或才能到達的地方，但您的狀況是，一開始就在那裡了，從小時候就已經到達那個境界了。

野見山　是啊。

野見山的祕書　老師沒有祕訣（笑）。

橫尾　這還真傷腦筋。

野見山　不會啊，就是保持平常心，如此而已。我到現在還是幾乎不搭計程車，我都搭電車。一方面也是因爲我很小氣。

橫尾　從這間工作室（東京都練馬區）到東京都心，全部都是搭電車嗎？從這裡到銀座還滿遠的吧？

野見山　不會，只要四十分鐘左右。

橫尾　可是，這段時間也會遇到沒有座位，或沒有人讓位吧？

野見山　會遇到。

橫尾　一直站著不吃力嗎？

野見山　最近我臉皮比較厚，會站到博愛座前面，等人家讓位（笑）。

過了八十歲，還活躍在工作崗位上的人沒有煩惱！

橫尾　關於今天我想請教的主題（老年的創造），因爲野見山老師沒有老年的意識，所以好像沒辦法問老師這個主題呢（笑）。以往請教的對象，其實大多也是什麼也沒多想的人。

瀨戶內師父也說「好想早點死、好想早點死」，早上一醒來，發現自己還活著，她就會覺得很煩躁的樣子。她對死亡好像一點也不怕。

野見山　哦，是這樣啊。爲什麼會想死呢？

橫尾　好像是因爲怕麻煩，覺得活著很麻煩。

可是，她雖然嘴上這麼說，卻還一邊寫小說，一邊接受訪談，又出外去演講。瀨戶內師父是九十三歲（對談當時），所以比野見山老師還要長一歲。她現在雖然需要坐輪椅，拄枴杖，但她來的時候，還把枴杖忘在別處，看來應該沒什麼大礙吧（笑）。

這次的主題，正如一開始所說的，創作年齡、藝術年齡不等同於身體年齡，也就是藝術年齡（作品）會比較年輕。我想請教的是，在藝術創作上，身體與心靈的不一致所產生的……也不能說是煩惱，但就是關於此處所產生的問題。但好像問錯人了。老師應該沒有這方面的煩惱吧？

是不是過了八十五歲，進入九十歲後，就會變得什麼都不太在乎，對自己沒有執著？

野見山　啊，可能是吧。

橫尾　健康又長壽的人，都沒有這方面的煩惱呢。七十九歲（的我）是不是沒有自認爲是老人的資格？

沒有一個工作像畫家一樣，什麼都不必想又沒壓力。

編輯　野見山老師、橫尾老師都有在寫文章，在作畫和在寫稿的時候，使用大腦的方式，會有所不同嗎？

橫尾　我們不可能用作畫的方式寫文章，也不可能用寫文章的方式作畫。所以，繪畫和文章是完全不一樣的。

野見山　我在畫畫的時候，是不必使用頭腦的。因爲繪畫直接就是畫面。比方說，我會一邊散步一邊想「稿子的標題要從什麼方向切入」，但我不會想「現在正在畫的畫要怎麼做」。作畫是不面對畫布，就無法思考。畫家不會像小說家那樣使用頭腦。畫家只有處理看到的部分，是完全視覺性的。所以頭腦是一片空白的。可是小說家要是腦筋一片空白的話，就什麼也寫不出來了。

橫尾　寫文章是觀念性的工作，寫出來的文字必須有邏輯，所以要使用到頭腦。但作畫時，可以一邊畫一邊聽音樂，讓思緒被音樂阻斷。讓頭腦跟著旋律和節奏，盡量什麼也不思考。因爲作畫是身體化（Embodiment）的工作。

編輯　進入空無的境界嗎？

橫尾　就像是擺脫語言的感覺。

野見山　寫東西時沒辦法這樣，更不用說小說家了。不是到了某個年紀，靈感就會自己源源不絕地湧出，所以擠不出靈感的時候，可能就會覺得活著很累吧。畫畫倒不會有讓人覺得累的時候。

橫尾　作畫的時候不必思考。或許這是長壽、長生的關鍵。一直思考的話，就會累積心理壓力，也會因為很多事而導致心病。畫畫的話，就不會得到精神上的疾病。或許就是因為這樣，無論是畢卡索、夏卡爾、米羅、達利（Salvador Dalí），才都這麼長壽。在這之中，野見山老師又特別長壽。

野見山　有一個對名人進行的問卷調查，問題是「如果有來生，你想做什麼職業」，結果小說家志賀直哉、川端康成是想當畫家，梅原龍三郎、安井曾太郎竟然沒有當夠畫家，還想繼續當。當畫家的人還真樂天。小說家可能需要承受某些壓力吧。或許因為如此，兩位小說家才會想如畫家般，活在一個不用思考的世界裡。

橫尾　三島由紀夫是個文學家，但他也說過：「怎麼也比不上繪畫的力量。」他說：「美術擁有的力量是非常強大的，文學則是無力的。」他應該是以這樣的前提在寫小說的。從此處思考，就會覺得畫家的長壽，跟「不思考」應該有很深的關係。還有沒有其他不必思考的職業？從職業來說，畫家應該是最不用思考的吧？還有，運動員或許也不用思考，但因爲在身體上太操，壽命才比較短。

野見山　運動員是要和他人爭輸贏，或者拚紀錄。

橫尾　但畫畫就不是活在爭輸贏的世界裡。硬要說的話，要比的對象只有自己。如果一個畫家一直在意自己贏了誰、輸了誰的話，他一定沒辦法當個好畫家。

野見山　就算完成畫作的時間再短，也沒辦法留下紀錄（笑）。

橫尾　連賣得好、賣不好都不知道（笑）。如果一個畫家憧憬權威或權力，想著「非得靠這個維生不可」「一定要讓自己成功」，這個畫家的壽命一定很短。

野見山　我的太太過世時，曾跟我說「你一定會很長壽」。我既不在意工作的事，也不會因爲人際關係而煩惱。我只是做我在做的事而已。畢竟很多人會被人際關係搞得疲憊不堪。

參加社會運動的藝術家會早死。

橫尾　赫曼・赫塞（Hermann Hesse）曾說，藝術家如果涉足社會太深，或對政治興趣太濃，參與太多政治活動的話，就會變得短命。剛才舉的那幾個人，幾乎沒有很政治性的人物。一個畫家對政治超脫，不斷深入自己的內心世界，就會長壽；但是對外界保持關心，參與社會運動的畫家，就一定會短命。

野見山　反戰等的評論幾乎都是出於文字作家之筆，而沒有畫家在寫。歸根究柢，畫家不會被問到反戰或沖繩的美軍基地等的問題。

橫尾　從繪畫這件事來思考的話，其實我們平常就在做革命的事了。嘗試自己不曾做過的事，就是一種革命。即時沒有參與政治，但我們也彷彿每天都在參與革命。

編輯　也就是每天都在自己的內在，引發新鮮事。或許這就是長保年輕的祕訣。

橫尾　沒有什麼煩心的問題。政治啦、人際關係啊，都是十分煩心又費力的事。

野見山　畢竟畫畫是自己一個人就能進行的。

橫尾　德國的約瑟夫・博伊斯（Joseph Beuys）在六十五歲左右就過世了。他對政治很感興趣，自己創辦了一個叫綠黨（Green Party）的政治團體，他的壽命果然就不長。所以，以畫家來說，還是不要對政治涉足太深比較好。

自從三一一大地震和海嘯以來，身爲作家的人做出不少社會性的發言。包括小說家，包括詩人，甚至還有人說，不談論那些問題，就寫不出文章。可是，沒有一個畫家如此。

編輯　連作風因此改變的人都不存在嗎？

橫尾　不需要發生那些事，畫家也會自行改變。雖然有些畫家，也會宣傳自己的政治等的思想。三一一對小說家而言，是個巨大的問題，但對畫家來說，我們平日所面對的是更大的問題。

或許小說家會抱持著要向社會發言，要試著改變社會的想法，但我們畫家並不是抱著要改變這個世界的想法在作畫。

我覺得，從這個角度來看，畫家的欲望或執著很少。野見山老師就是最好的例子。我們總是能在寫文章的人身上，看到某種欲望。我想這就是畫家和小說家的區別。

野見山　我曾經被推舉擔任和平運動、九條會（譯註：全稱「和平憲法第九條之會」，支持日本憲法永遠放棄作戰武力的市民團體）的幹事，所以他們會來委託我寫文章，但老實說我一點都不曉得該怎麼寫。

橫尾　這麼說，或許小說家會生氣，但他們是把社會當成抗爭的對象。畫家某部分來說，是把宇宙當成抗爭對象。所以社會看在我們眼裡，格局就小了。畢竟我們是抱著以宇宙爲抗爭對象的豪情壯志。

身為畫家就是無法成為大人的證據。不做個傻瓜，就無法成為畫家。

編輯　您說畫家是在和巨大的對象抗爭，我本來以爲是和自己對抗，但其實不是。畫家是在和宇宙對抗，對吧？

橫尾　雖然自己是很渺小的存在，但和自己抗戰，不停地向內在挖掘，最後就會連結到宇宙。我們面對的是名爲自己的這個宇宙。小說家好像並非如此。小說家特別喜歡對社會發表言論。

野見山　沒錯沒錯，畫家都是很傻的人在做的。某部分來說，不做個傻瓜的話，就無法成爲畫家。

橫尾　遺憾的是，小說家無法成爲傻瓜。可是，畫家可以讓自己一直傻下去。

野見山　小孩子就是愛塗鴉，但是長大後，就漸漸不會這麼做了。能夠一直塗鴉下去，就是無法成爲大人的證據。你看，當孩子老是在牆上、老是到處塗鴉的話，一定會被父母斥責。只有被斥責了還是繼續畫下去的人，才會留下來，變成畫家。

橫尾　仔細想想，我們都是在畫一些莫名其妙的東西，能夠和這些東西抗爭，眞是不尋常。

野見山　從一早起來，到晚上睡前，都一直站在畫布前面，要是沒有很大的動力，可是難以持續的。畢竟背後也沒有任何觀眾在拍手。因爲畫畫是自己一個人的問題。即使如此，還是要每天都面對著同一個畫面。

橫尾　別人問我們這個是什麼，我們也答不上來。

野見山　別人問我們明天打算做什麼，我們也只能回說，還不曉得呢。

橫尾　這個就是這個，明天會怎樣就是會怎樣。

編輯　畫畫也會有完成的瞬間吧？

野見山　我覺得那是和畫作告別的時刻。那是當自己覺得，再怎麼塗塗抹抹都沒有用的時候。

橫尾　我不會有完成的一刻。全部都是未完成的作品。有的只是過程而已。只要過程完成了，就算完成。一幅畫如果我想要畫一輩子，我就能一輩子畫下去。不過顏料可能會愈疊愈厚（笑）。每天看到都不知道昨天的畫到哪裡去了。

野見山　我的祕書每天都會來這間工作室，他常常對我說：「明明就畫好了，爲什麼現在還在畫？」或者說：「昨天明明畫得很好啊。」可是，我就是會一層一層地繼續畫上去。因爲我覺得不好，所以就會反覆地畫。是我自己停不下來。

橫尾　畫畫可以是無止境的遊戲、無止境的行爲。我們從一開始就放棄了完成工作的成就感。

一整年面對著畫架，在畫布上塗塗抹抹。可能到一年後，才覺得這幅畫作完成了。一幅畫的完成，就像是覺得沒辦法再畫得更細膩，所以才罷手的那種、感到畫膩了的瞬間……

野見山　有時，畫了半年或一年後，還是覺得不對，結果又從頭畫起。或者，暫時在畫作背面寫上畫名，然後就擱在旁邊，開始畫其他的畫。這種感覺，若不是在畫畫的人恐怕不會懂。我以前都不知道作畫是這麼回事。到現在還是搞不清畫畫是怎麼回事。要說這是職業又不是職業，要說是休閒娛樂，又不太一樣。不知道有沒有什麼更好的語彙可以形容？

畫大型畫作，會有一種暢快感。彷彿在奔跑般令人感到愉悅。

橫尾　我今天得到了野見山老師的刺激，我也想開始畫大型的畫作。我總覺得，一直畫小型畫作，就會被困在小型的畫作上。

野見山　畫大型畫作，會得到一種身體上的暢快感。是自己的身體在做出那種動感。那種感覺彷彿體力競賽，彷彿自己正在奔跑般，會令人感到愉悅。

橫尾　這也能帶來健康和朝氣吧。

野見山　我也曾經自認體力衰弱，而暫時放下工作。但因爲我對時間很小氣，受不了自己不工作，所以就又提起畫筆了，結果畫了不到十分鐘，我就想說：「早知道這樣，當時就該更早開始畫畫。不知道我那幾天什麼都不畫，究竟是在幹什麼？」我發現，我在衰弱的時候，會因爲作畫，而從內在湧現一股精神或能量。能量眞的會一邊畫一邊湧出來。

橫尾　野見山老師說得沒錯，偷懶什麼也不做，長期下來反而會讓身體狀況變差。這種時候，就要下定決心，好好站在畫布前，然後就會發現自己根本就還能作畫。早知如此，還不如早幾天開始畫。不僅如此，還有可能在作畫的過程中，慢慢回復體力，而使身體康復。不畫反而會害自己生病。沒有比畫畫更有效的萬靈丹了。

今天向老師學了許多，也有許多共鳴之處，我的不安和疑問也獲得解答了。感謝老師。

二〇一五年十一月六日
攝於東京練馬的野見山曉治的工作室兼住家

細江英公

Eikoh Hosoe

84歲

我們不是隨著年齡增長而成為老人，
是自己主動成為老人的。

照片攝影師、清里照片藝術博物館館長

1933年生，山形縣米澤市人。
1951年，在富士軟片主辦的「富士攝影比賽」中，獲得學生組的冠軍，從此立志成為照片攝影師。
1954年，東京寫真短期大學（現今東京工藝大學）照片技術科畢業。
1959年，參加自行擔任自己代理人的攝影合作社「VIVO」之設立。
發表作品《薔薇刑》及《鎌鼬》，前者是以三島由紀夫為攝影對象，後者是以秋田農村等地為舞台、舞蹈家土方巽為模特兒的照片集，獲頒藝術選獎文部大臣獎。
其後，又獲頒紫綬褒章、旭日小綬章。
2003年，以代表全球的七名攝影師之一，獲頒英國皇家攝影學會（Royal Photographic Society of Great Britain）創立一百五十週年特別勛章。
2010年，獲得文化功勞者之表揚。

細江英公

從不感到麻煩，
就是想到現場去拍攝。
沒有心要到現場拍照的人，
就當不成攝影師。
我是無論如何
都想親自到現場去拍攝。

隨著年齡增長，就會自然而然變成老人嗎？

橫尾　我下下個月（二〇一六年四月）就要滿八十歲了。我已經完完全全是個後期高齡者（七十五歲以上）了。所以，與其在那裡想說，我不想當老人家，不如趕快讓自己先成爲老人！

細江　原來如此！我本來以爲，人是隨著年齡增長，自然而然變成老人的，原來老人是可以自己主動去當的。

不過，橫尾先生恐怕很難辦到唷，因爲社會不會讓您這麼做。我看啊，您一定會到最後一刻都保持年輕。

您看看這個（指著橫尾身上穿的背心），老人家才不會想要買這種衣服。所以說您很年輕啊。

橫尾　不不不，衣服下面的身體年齡已經老化了……我只是在外表上裝年輕，藉此遮掩一下而已（笑）。

細江　哪兒的話，您整個人都很年輕的。我看，再過十年也不會有什麼改變。

橫尾　希望如此啊。可是，七十歲時，我突然覺得自己眞的老了。

細江　七十歲時覺得老了？

橫尾　這麼說是因爲，不是有分身體年齡和創作年齡嗎？創作年齡也可以說是藝術年齡。

藝術年齡不是很年輕嗎？都不會變老。

但是身體年齡還是會跟著實際的歲數逐漸老去。我在七十歲的時候，實際的身體年齡和藝術年齡，突然合而爲一了。在這之前，各自發展的兩個年齡，突然變得一致了。（藝術年齡）急速老了好多歲。

細江 嗯……歷練增加了？難道不是這樣？那應該是變成熟了吧？

橫尾 那時候我無法那樣想。

現在回過頭去看，或許可以想成是變得成熟、變得圓熟之類的，但那時候切身感受到的是，我已經沒有那麼酷了。所以才會想說，還是早點讓自己有老人意識、老年意識比較好。

細江 還眞聰明。我的話只想說：「畢竟年紀不小了，做不來的就不要勉強。」

橫尾 細江先生，您看起來都沒有變呢。

細江 才不是哩！我還有段時間，臥病在床兩個月左右。

橫尾 那是幾歲的事？

細江 八十歲吧。大概三年前的事。

在那之前我都沒生過病，所以有一點在享受生病的感覺。

橫尾 享受生病，這實在太了不起了。我不是出過一本談疾病的書《疾病之神——橫尾忠則的超級疾病克服術》（病の神様－横尾忠則の超・病気克服術》）嗎？

結果您說：「眞希望當初我生病前就能讀到那本書。」（笑）

細江　對對對，那件事我還記得（笑）。

橫尾　我身上大概有五十種疾病。

細江　五十種疾病，聽起來好像所有的疾病通通都經歷過了。

橫尾　不不不，都是一些沒有生命危險的病，像是有髒東西跑進眼睛裡之類的。沒有生命危險的疾病，想要幾種就有幾種，別說五十種了，一百種都有可能。只要醫生判斷是疾病的，就會變成疾病。

細江　那就是您累積了各種經驗，而變得愈來愈聰明（笑）。

橫尾　奇妙的是，即使我去看了醫生、吃了藥，也好不了。醫院的醫師說，疾病是自然痊癒，而不是醫生治癒的。人原本就具有療癒力，我們是靠這種療癒力痊癒的。

細江　人會自己治癒自己。那就是說，如果我覺得自己不行了，我就會眞的不行嘍？

橫尾　沒錯沒錯。疾病是來自心境。

細江　那醫生的立場就只是個幫助者嘍？若是這樣，醫生的工作還眞簡單，因爲什麼都不必做。

橫尾　什麼都不做的醫生，才是眞正厲害的醫生吧。實際上，在國外好像有不少地方會利用人類的自然療癒力治療病痛。聽說，他們還用糖製作出假藥丸，然後說這是眞的藥，讓患者信以爲眞，患者服用後就透過自己的自然療癒力，使身體復原了。

現在，我正在讀一本書，書名是《治癒力》（譯註：喬・馬琴著，愛米粒出版）。這本書裡提到，洛杉磯大地震（一九九四年北嶺地震）發生時，自己想像說「我已經不行了」而引發心肌梗塞死亡的人，比實際上眞的被壓死的人還要多。

細江　原來如此，疾病來自心境，這句話還眞有道理。

不多想。當個傻瓜。順其自然。

橫尾　我現在會跟一些八十歲以上的藝術家、創作者見面，和這些人生前輩對談。我覺得，創作和壽命應該不是毫無關係的，所以今天也想向細江先生請教您長壽的祕訣。

細江　現在應該要活到九十歲左右，才能說是長壽吧。我才八十三歲呢。才不是什麼長壽，只是普通而已（笑）。

橫尾　原來如此，只是普通啊。我是不是太早來找你了（笑）？

細江　沒有啦。有些人覺得八十歲左右很普通，有些人覺得八十歲已經是老人家了，只是這個差別吧。我自己是覺得八十歲很普通。

橫尾　這樣的人就會很長壽。這一系列訪談，到現在為止，我訪問過三位前輩（小說家瀨戶內寂聽、建築師磯崎新、畫家野見山曉治）。三人都不約而同地回答我，他們沒有想過長壽這件事。

細江　是啊，我也沒有想過這件事，所以都會被人說我是傻瓜（笑）。

橫尾　不，傻是一種頓悟。我也想變成傻瓜那一邊的人。我是「雖然傻卻無法頓悟的傻瓜」，今天就是要來向智者討教的（笑）。可是，這項企劃中，如果受訪者都說「（長壽的祕訣是）不要思考」，那我們的對談就只能到此為止了。

細江　原來是這樣。那就變成是「好好思考一下什麼是不思考」的對談嘍（笑）。

橫尾　對不思考的人來說，確實會變成這樣。說穿了，「創作者會很長壽」的理由只有一個，那就是「沒有在思考長不長壽」（笑）。

細江　這樣啊，我以為大家都會想這種事，還想說是不是只有我這麼呆，害我擔心了一下（笑）。

橫尾　反過來說，一直思考的人，是不是會比較短命？像我這樣，老是跑醫院……我還沒去醫院之前，就會開始東想西想。比方說，我今天感冒了，我就會想說，這個感冒會不會演變成肺結核，會不會有一天併發更嚴重的疾病之類的……

細江　哦，那還眞是辛苦。原來是這樣，看來還是不要太聰明，傻一點比較好。

橫尾　我的家庭所信奉的教派，叫做黑住教（江戶時代後期的一八一四年〔文化十一年〕，由教主神黑住宗忠所創立的日本神道教團，幕末三大新宗教之一，日本神道十三派的先驅。總部設於岡山縣岡山市的尾上神道山），是日本神道教派。黑住教是在日本持續了兩百年的神道教派。最早的教主是一個叫做黑住宗忠的人。有人問過現在的教主：「黑住教的教義是什麼？」結果他的答案只有一句話：「當個傻瓜。」（笑）。聽說這就是黑住教的教義。

細江　（笑）。原來如此。也就是說，不能想太多。

橫尾　沒錯。聽說有一次，有個面相老師來到宗忠教主這裡，教主就請面相老師替他看相。結果那個人竟然說：「您的面相在我們這一行叫做『傻瓜相』。」

教主聽了就說：「我修行了很長一段時間，就是爲了讓自己變成傻瓜。聽你這樣說我眞開心。」據說他說完後開心得不得了。

細江　哦，當個傻瓜啊。

三島由紀夫就很難了。我猜他是只要一思考，就會擔心到睡不著的那種人。

橫尾　因爲我是關西人，所以說話時，動不動就用「傻瓜啊你」來回嘴。可是，被人這樣說的時候，我們都會回說：「我就是傻瓜又怎樣。」關西人不會因爲被說是傻瓜而生氣。有一點拉丁民族的味道。從這個角度來看，或許該讓自己開朗一點，不要去爭輸贏。

細江　我不會想要一邊破口大罵「混帳東西」，一邊跟人衝撞。保持自然而已。我會想說，這是上天會替我決定的事，我只要保持自然就好。

橫尾　我到禪寺去的時候，有一位年長的師父跟我說，最好效法「良寬和尚」（譯註：一七五八～一八三一年，日本史上著名的名僧，號大愚。傳說他童心未泯，喜歡與兒童玩耍）的生活方式。風從南方吹來，就往反方向的北邊倒。風從西方吹來，就朝東邊倒。這樣就好。

細江　原來是這樣。不就是順其自然嗎？

橫尾　沒錯，所以您就是良寬和尚啊。

拍照是體力性的、行動性的工作，光靠大腦無法完成。

橫尾　當攝影師的人都很長壽嗎？

細江　對啊。首先，我們不會一直愁眉不展。因爲憂心忡忡的話，就會看不見攝影的對象。因爲我們保持自然的姿態，才能拍得出（照片）來。

我在拍人物照的時候，如果對方是作家，我就會閱讀他寫的東西，然後仔細研究他這個人，進入這個人的內在世界。

但是，實際見面時的印象會更強大。這種印象會投射在鏡頭中。閱讀過內面（那個人的內在）後，要不要將自己讀到的東西加以發揮，這件事並沒有一個正確答案。只能打開心房，好好地面對對方。我會請對方擺出姿勢，從照片去看出對方的反應。不這麼做的話，照出來的就不是「自己的照片」了。

橫尾　拍照的時候，應該不會去思考「爲何要拍這張照片」「爲何要在這瞬間按下快門」吧？

細江　該說是無意識嗎？自己覺得不夠好的時候，就不會按下快門。但也不是說，我們拍照時就會用頭腦去思考。拍照是很瞬間性的事。所以，關於爲何按下快門這件事，有時事後回想，也想不出答案。

橫尾　仔細想想，應該不會有「不想拍了」的想法吧？

細江　我想應該是有的。拍自己想拍的東西，和拍別人要你拍的東西，這兩者之間的決定性不同，就在於此吧。

比方說，以我個人來說，雜誌、報社是我的雇主，一開始我會依照他們要求的方式去拍。我也拍過很多您的照片，如果雜誌社跟我說「我們想要你拍出橫尾先生某某樣子的照片」，我就會按照他們的要求去拍。

但我拍著拍著，會變成依照自己的感覺去拍。結果會發現，這樣拍出來的照片好得多了。然後，雜誌社往往也會覺得後者比較好，因此最後決定使用不是當初要的照片。

橫尾　站在畫家的角度來看，攝影師眞是個狡猾的職業。

比方說，要拍攝一座山的時候，那座山也不是自己創造的。

細江　畫家也是如此啊（笑）。

橫尾　而且，只要一瞬間就可以賣錢了。跟我們要畫上好幾個月是不一樣的。攝影師眞是方便（笑）。

細江　大家都來當攝影師就好了。歡迎您一起來拍（笑）。

橫尾 啊哈哈哈……

細江 我覺得，這件事是看您要怎麼想。不過，所有的事都是如此……如果您來當攝影師的話，一定會成爲一個出色的攝影師的。如果您有這個打算，一定會拍出了不起的作品。

橫尾 我太散漫了（笑）。攝影是非常體力性、行動性的工作吧？

細江 那當然。畢竟不親自走到拍攝對象前面，就無法拍出照片。還是需要這種行動力的。光靠大腦是無法完成的。我的身體是已經習慣了，所以不以爲苦。比方說，採訪者就是如此。不去到受訪者那裡，就無法採訪。新聞記者也是如此，不去到當地就寫不出報導。光靠想像來寫，就算是眞相，也不是事實。所以，照相需要事實。「從事實中找出眞相」，說得好聽一點，就是這樣。

橫尾 「照相」就是照出眞相呢（譯註：日文中，拍照的漢字是「寫眞」，「寫」有拍攝之意）。

細江 只有在日文中才是如此。照相的英文是「photography」，「photo」是指光，「graphy」是指畫，所以是光畫。沒有光就不能形成畫，所以才是「photography」。這詞造得還眞巧妙。

橫尾 這跟國家性格、或者說民族性格有關吧。日文竟然會翻譯成「寫出眞相」的「寫眞」。

細江　我倒是會覺得，不知這是誰創的詞，那個人應該不懂照相的原理吧。「寫眞——寫出眞相」，這種概念在國外是不存在的。發明照相的國家是法國，所以才會是「photography」。「graphy」是拉丁文的畫，英文也是，「photo」是拉丁文的光。

橫尾　西洋取了一個非常科學性的名稱呢。相較之下，日本的「寫眞」感覺上就很精神性了。日本人是取精神性的名稱，但外國人卻不是如此。

細江　東洋和西洋的思考方式，都十分明確。一個是實事求是，一個是唯物主義。

橫尾　這樣來看，「寫眞」很東洋呢。

細江　不過，我是以實事求是的方式，解讀唯物主義性事物。這一點不太東洋。

橫尾　「寫眞」非常唯心主義，「photography」就很實事求是。

細江　寫眞的眞，雖然是眞相的眞，但或許帶有神祇的意義在其中。所以，或許眞正想說的是「照出神祇」（譯註：日本神道認爲萬物皆有神）。

橫尾　眞有趣。

才能是指「使用運氣的能力」。運氣是指「神的安排」。

橫尾　您若要進行拍照，是必須在身體健康的時候才行，還是有點精神不佳時比較好？拍照的工作，會因爲不健康就拍不出來嗎？

細江　那是絕對有影響的。可是，就算健康，也不代表就能拍出健康的照片。只不過，健康的時候，會比較能拍攝出自己的意志。

橫尾　拍照不是一個偶然的瞬間嗎？只要除去偶然的因素，不就能拍出必然的照片了嗎？將偶然轉爲必然的力量是什麼？

細江　所謂的偶然，就是自然的一部分。當我們說「這是偶然之下拍出的照片」時，就容易招來誤會，讓人覺得「只是走運而已」。但是，我們只要架好了相機，鏡頭那端就有可能發生我們預測不到的事。那一個瞬間，有些人會按下快門，有些人不會。這就要看我們能不能把那種偶然，變成爲自己而存在的必然。

照相明明應該是誰來照都一樣的事，但不同的拍攝者，就是會拍出完全不同的照片，你不覺得很神奇嗎？

橫尾　嗯，的確很神奇。那究竟是頭腦的差異，還是身體的差異？您覺得，產生出這種個別性的原因，究竟是什麼？

細江　我覺得，說穿了還是「運氣」。並不是技術好壞的緣故。說是因爲技術好，就把事情看得太過簡單了。說是運氣，還比較讓人信服。

橫尾　還眞有趣。在繪畫的世界裡，不太會談到「運氣」。不過，偶然也是存在的。會談到掌握偶然的能力，或是利用偶然。對您來說，什麼是運氣？

細江　對我來說，運氣就是神的安排。因爲，我會想說，明明在同個地方拍攝，爲何只有我才拍得出來？這已經無關乎技術好壞了。

橫尾　那才能呢？

細江　大概是使用運氣的能力吧？

橫尾　我也這麼覺得。我覺得，有些人具有善用運氣的能力，有些人則沒有。沒有這種能力的人，就算運氣再怎麼站在他這邊，也沒有用。

細江　若是如此，就得說到老天爺那裡去了。

不然，有很多事情都無法說明。

橫尾　說不定靠老天爺決定的事還比較多。

請容我岔開話題。

過去曾經和幾個朋友一起去亞馬遜河釣食人魚。

可是我一點也不感興趣，就一個人在船上看起書來。朋友對我說：「橫尾啊，別再看書了，來一起釣魚啊。」大家還替我準備好了魚竿和魚餌，所以我只好跟著他們一起釣。

那時候，大家都在船的另一側放線，但我懶得到那一側去，就一個人在這一側放線。

結果，別人都還沒釣到魚時，我一個人就先釣到魚了（笑）。

細江　啊哈哈。

橫尾　然後，他們開始說「這一邊比較釣得到魚」，就全部跑來我這一側。變成我沒有地方可釣。無可奈何之下，我只好一個人換到另外一側，線放下去後，又是只有我一個人釣到（笑）。眞像連環漫畫裡才會出現的情節。

細江　（笑）。運氣就是老天爺的惡作劇啊。

橫尾　結果他們就說：

「橫尾釣得到魚，是因爲他沒有心想要釣魚。」說是因爲我沒有貪心妄想。

所以，攝影會不會也是因爲沒有貪心妄想，才能在對的時機按下快門？是不是愈有企圖心要拍出好照片，反而就愈拍不出好照片？

細江 原來是這樣啊。說不定眞是如此喔（笑）。

橫尾 食人魚拍攝法（笑）。

從不感到麻煩，就是想到現場去拍攝。

橫尾 隨著年齡增長，照片的風格會改變嗎？

細江 嗯……這個嘛……我想反過來問您，畫家在觀賞別人的作品時，會有「這個人的作品愈來愈老成了」的感覺嗎？

我說的「老成」，說不定是一種只有日本人才會懂的感覺，就是愈來愈缺乏欲望……之所以說是「一幅老成的畫」，就是因爲物理性的東西，不是很容易投射在畫作上嗎？若是繪畫，應該很容易從筆觸之類的地方顯現出來。照理來說，照相應該也是如此……照相的話，可能就是從拍攝對象來看吧。可能會變成比較喜歡拍沉著穩重的事物，而不喜歡拍太喧囂的事物。或許在這一類的小地方，會出現改變。

橫尾　那就是不放下野心、欲望和執著，就沒辦法變得老成或變得圓滑吧？所以，就算有人說他要拍一張老成的照片，只要他六根不清淨，說不定就拍不出那樣的照片。

細江　以拍照來說，按快門也不是什麼費力的事，所以拍照的人比較不會想到退休吧？

橫尾　您會去意識到自己的年齡嗎？

細江　不會。

橫尾　這樣的話，您就不會變老成嘍？

細江　不，我應該已經老成掉了嘍（笑）。

橫尾　那就是進入老境了。細江先生，舉例來說，如果您想拍的對象，在一個很遙遠的地方。您想拍，可是又覺得去那個地方太麻煩了。那您會不會索性就用望遠鏡頭來拍照？

細江　嗯……這應該很困難吧？沒有心要到那個地方拍照的人，就當不成攝影師了，直接待在家裡喝茶比較快（笑）。我是無論如何都想親自到那裡去拍攝。因爲不想走太遠，而用望遠鏡頭拍照的人，我想還是放棄當攝影師比較好。

橫尾　那您有沒有過「照相眞麻煩」的念頭？

細江　我從來不覺得照相麻煩。

橫尾　新輯版的《薔薇刑》（由細江英公拍攝，以三島由紀夫爲拍攝對象的裸體攝影集。一九六三年集英社出版，獲頒「日本寫眞批評家協會」的作家獎。書中收錄了許多超現實而又受虐性的構圖，在國內外引發討論。八年後，一九七一年，在國外的強烈希望下，《薔薇刑 新輯版》〔集英社〕重新出版上市，其中增加收錄三島的附註，並由橫尾負責書籍設計）的首頁上，有提到我想要大海的照片，對吧？

於是，三島先生就說：「跟細江說，請他幫忙拍照。」

我還以爲是要去距離東京不遠的茅崎之類的地方攝影，沒想到細江先生竟然搭飛機，飛到九州南方的屋久島、德之島去拍攝！

細江　哦，確實有過這件事。

那是因爲我想要拍一整天的照。

太陽不是在早上叫朝陽，到了傍晚就叫夕陽嗎？這是因爲顏色不一樣。想要拍到同一片海上的朝陽和夕陽，就只有在小島上才能辦到。

早上先拍攝，中午睡個覺，傍晚再拍攝。這樣就能在一天內，既拍到朝陽又拍到夕陽。

橫尾　唉呀，那時候我也嚇了一跳。因爲我沒想到您會到屋久島這麼遠的地方拍攝！因爲已經快截稿了。要是我，可能就會到東京的高地上，用望遠鏡頭拍攝。三島先生應該也嚇了一跳吧？

細江　那樣太沒有臨場感了。如果想要在東京附近拍攝，其實也不是辦不到。但我就是沒辦法。畢竟橫尾先生花了那麼多心思在那本書上，而且既然把這工作交付給我了，我就會想說當然要盡量做好。

橫尾　而且您是自掏腰包去那裡的吧？其實應該讓出版社出錢的。但那時，已經印出樣本（實際印刷前，用來確認顏色、文字而印刷出的版本），馬上就要進入印刷階段了。您竟然在此時為了拍太陽的照片，搭飛機到小島上去拍照！我那時候是事後詢問，才知道這件事的，我是一半驚訝，一半笑了出來。我想說，您還眞是個了不起的人哪（笑）。

細江　哪兒的話，那是因爲我接到的是您的委託啊。所以我才會想到要在同一天的同一片海上，拍攝朝陽和夕陽。我的個性還是「非得到現場去拍不可」。

橫尾　您打從骨子裡就是個「自助者天助」的攝影師，一直有某種力量推動著您呢。

二〇一六年四月十九日
攝於東京新宿的細江英公的事務所

金子兜太

Tohta Kaneko

98歲

去感受到看不見的事物，
才是創造之本。

俳句詩人

1919年生。

東京帝國大學（現今的東京大學）經濟學系畢業。

經濟學學士。

向加藤楸邨拜師學習，先隸屬於「寒雷」，又創立並主持「海程」。（譯註：「寒雷」「海程」皆為俳句結社的名稱，同時也是該社團所出刊的俳句雜誌名。）

於戰後的社會性俳句運動、前衛俳句運動中，在理論與實作兩方面，擔任了核心角色，其後也一邊培育後進，一邊活躍於第一線。

曾擔任現代俳句協會會長等職。

現代俳句協會名譽會長、日本藝術院會員。

也是小林一茶、種田山頭火的知名研究者。

受頒許多獎項、獎章，包括1988年的紫綬褒章，2008年的文化功勞者，2015年的朝日獎等等。

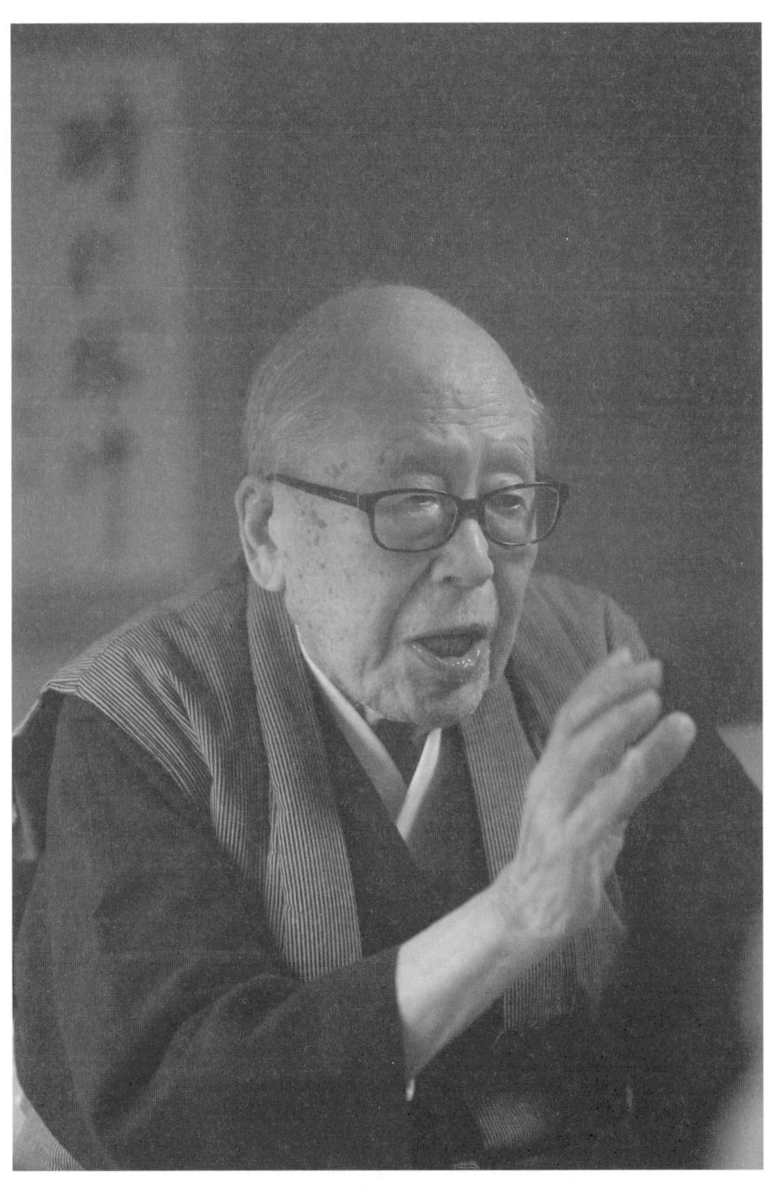

戰地的泛靈觀體驗，
是我這一生中最寶貴的經驗。
即使戰爭結束，回到了東京，
我仍覺得，戰地中貼著地爬行的，才是眞實的人。

主治大夫是「畫畫」和「創造」。創造和長壽是密不可分的。

橫尾　我今年已經滿八十歲了。我現在正在拜訪許多八十歲以上、進行創作、創造，廣義上來說的藝術家，因爲我覺得創造與長壽似乎有著某種關係，所以正在向前輩們請教這方面的心得。

在我至今採訪過的對象中，金子先生是最高齡的一位。第一高齡的是畫家野見山曉治先生（對談時九十六歲）。第三高齡的是瀨戶內寂聽師父。寂聽師父是九十四歲（二〇一六年十月時點），而金子先生是九十七歲（同年同月時點）。

金子先生經歷過戰爭時代，在那時也一直在創作俳句。我有許多問題想向您請教，希望能透過像您這樣的人生與生活，給我們這些過了八十歲，而且有進行創作的人一些指教。

金子　唉呀，哪需要我指教，我想您自己應該都知道吧（笑）……

橫尾　不行啊，這樣的話，就沒辦法傳達給讀者知道了（笑）。

您爲過世提出「他界」一詞，並賦予其定義（譯註：金子兜太著有《他界》一書，透過自己的人生，談論生死，並提出「他界說」，認爲生者不會死亡，只會前往另一個有親人在等待自己的地方）。您不用「異界」，不用「靈界」，也不用「彼岸」，而是用「他界」。您用這個詞，讓我有很深的共鳴。

一般的知識分子或有學養的人，多半都是走非常邏輯思考的路線，絕大部分的人都認爲，死亡後就會化作「虛無」。

可是，我覺得這個想法不對，人死後肉體確實會消滅，但我的感覺是，死後還是會有一種像是靈魂的東西，留存下來。

金子　沒有錯、沒有錯。

横尾　畫畫的時候，不知不覺地就會產生一種感覺，彷彿不是從活著的這一頭去看死亡，而是從死亡的那一頭來看活著，我會站在一個那樣的次元裡，用從那一側看這一側的角度來作畫。

「死亡」這個主題，會在我的作品背景中若隱若現，因爲從年輕時起，「死亡」就一直是離不開我的議題，所以我很難將「自己」從這個主題中抽離出來。

我拜讀過金子先生的書，我對於您的泛靈觀（Animism）的想法，有許多共鳴。今天也想向您請教關於泛靈觀這個主題。我一直很期待今天能就這個部分，聽聽金子先生的想法。

金子　我是覺得，輪不到我來說就是了。只要反過來想就能明白了（笑）。

橫尾　老實說，我對於俳句眞的一無所知，但在創作的源頭上，我想無論是寫俳句，無論是文學還是美術，都是一樣的。

我可以說一些關於我自己的事嗎？最近，一方面也是因爲我的身體狀況不佳，所以我幾乎沒畫什麼畫，不過「身體狀況不佳就不能畫畫」——這只是我的刻板印象而已。

有一天，我想說：「一直持續休息下去的話，也不知道身體什麼時候才會恢復到可以畫畫的狀態，這樣下去，說不定我這輩子都無法再畫畫了。」就替自己轉換心情，讓自己積極作畫。我本來已經鬱悶了好幾個月，結果才畫了那麼一天，我那種憂鬱到以爲自己無法再作畫的心情，就在那一天之中，隨著身體得到活化。

所以，不畫眞的不行。畫了就會有精神。我想，我的主治大夫其實就是「畫畫」吧。只要有在畫畫，就能保持健康。

像是畢卡索啦，夏卡爾啦，很多畫家都活到了九十歲以上的高齡。但是還沒有人像您這麼長壽（笑）。

當然也有早逝的畫家，但稱得上巨匠的，即使到了九十歲，還是會繼續作畫。我想，創作和長壽的關係，就是如此密不可分。

金子　我也這麼覺得。

金子先生說不定根本不會死。

橫尾　金子先生，您今後還有許多創作要做，也要擔任許多評審，這樣下去，會不會根本就死不了（笑）？

金子　我也有這種感覺（笑）。

橫尾　您經歷過戰爭，在戰爭的時代，您受到幸運之神眷顧，不可思議地活了下來。我覺得，一般人很難像您這樣。

不知您是受到命運中無法形容的未知力量幫助，還是自己擁有那樣的力量，而逃過了一劫？一想到您能夠活下來到現在，就覺得往後您也會一直活下去。

我甚至覺得，金子先生，您說不定根本就不會死。今天見到您，覺得您的氣色非常好，又很健康，皮膚也很有光澤，看起來不像是老人的皮膚呢。

金子　這是因爲我母親就是一個皮膚光滑細嫩的人。我母親在她十七歲時生下了我，所以我繼承了母親年輕時的血脈。我母親活到了一百零四歲。雖然她是在鄉下的大家族中，和父親一起苦過來的人，但她也是把這一生活得徹徹底底。

橫尾　哦，因爲母親這麼長壽，所以兒子應該會超越母親，活得更長壽吧（笑）。

金子 這一點我倒是很有自信（笑）。

橫尾 我覺得，我應該會早一步先走，我死後，您還會繼續一直活下去（笑）。

橫尾先生活出的是一個非比尋常的生命。

金子 我總覺得，橫尾先生活出的是一個非比尋常的生命。我想，人在與藝術工作接觸的瞬間，會變得和一般人不一樣。

可能是因爲，是日本列島上，您是少數擁有藝術資質的人吧。

橫尾 我雖然不太喜歡自己講自己，但我的個性優柔寡斷，不是會積極站在人前的那種人。

可以說我是一個很怕麻煩，總是很被動的人。

我一出生就被送到橫尾家當養子，因爲我是獨子，所以橫尾家的父母對我很溺愛，就某個層面來說，他們很寵我，讓我過得很任性。什麼事情父母都會幫我做好。因爲一直以來都是如此，所以我不太有自主性，不會想自己積極主動去創造些什麼，而是對方給我什麼我就接受什麼，要我做什麼我就只做什麼，我一直是過著這樣的生活。

金子 有那種感覺。那種氛圍在您身上很濃厚呢。

橫尾 我一直都是接受人家給我的東西，對於什麼事情最好主動做、什麼事情最好不要碰之類的事，我實在搞不清楚。那種情況下，我都是順勢而爲，不會想太多。到現在還是如此。有些人會說「要跟命運搏鬥」「要自己開拓命運」，但我對命運是純粹的接受。如果把我的想法強加在其他人身上的話，大家恐怕都會變成懶惰蟲，所以我是不敢硬要別人接受我的想法啦（笑）。

金子 原來如此。是不是因爲如此，您畫出來的東西才那麼有趣？我覺得，有些畫作雖然能讓人感受到它是創作行爲下的產物，但即使畫得精湛，卻往往會讓人感到無趣。我對繪畫不是很懂，所以我不敢說橫尾先生的畫厲不厲害，但常常讓我感到十分有趣。

橫尾 我沒有受過大學教育，所以這個部分多少比較自成一格吧。

金子 能讓自己的做法成爲一格，又是另一種能力吧？

橫尾 因爲我沒有老師，所以我只能自己想辦法去完成。這是非常耗費時間的，所以我都不會把事情做到完成爲止。我對於完成一件事而得到成就感，是沒有太大興趣的，但我對過程很有興趣。結果如何不重要，結果被批評也沒關係，我只在乎進行的過程是要有趣的。所以，什麼時候我會身體狀況不好，非常明顯。只要有人委託我做我不想做的工作，我的身體狀況就會變差（笑）。

金子 哦，這對自己挺有利的，還眞不錯（笑）。不過，我也有這種感覺。

橫尾 限制總是會伴隨著工作而來，所以我多多少少還會想讓工作變得有趣一點。

健康能量不是來自世間，而是從他界傳來的。

橫尾 您在您的書中提到了泛靈觀，我對您的說法十分有共鳴。小時候，我要在外面尿尿時，因爲尿尿的地方會有蟲子等各種生物，我母親就告訴我：「一定要好好向人家道歉說『萬事對不住了』。」或者跟我說：「跨過或踩到書本或報紙的話，書本跟報紙會很可憐，所以不能這麼做。」我從小一直接受這些跟學校教育完全無關的教育。可能因爲這樣，泛靈觀的思想才不知不覺地根植在我心中。

金子 我懂。

橫尾 我到現在，早上起床去拿報紙時，還是會跟院子裡的每棵樹說話，跟它們說「早安」之類的。大概是受到母親的影響。您常常會在俳句或者書中，對過世的人說話，我覺得應該跟您的這種行爲很像。

我比較厚臉皮一點，還會跟院子裡的樹說：「拜託讓我健康又有精神。」這時我都會覺得，院子裡的樹彷彿也會有所回應。

金子　原來如此，您會跟院子裡的樹說話啊。我倒是沒有那種技能呢。

橫尾　這是學我父母和芹澤光治良先生的，我父母會在院子之類的地方，對著樹呢喃。您會跟過世的人說話吧？當您在對他們說話時，會感覺到對方傳來的波動或是波長之類的嗎？

金子　您說得沒錯。會傳來波動呢。我覺得那些波動就是我健康的泉源。

橫尾　也就是說，事實上您的健康能量不是來自世間，套用您的說法，就是從他界傳來的。他界傳來的能量，讓您能在世間活著，而這種能量就是泛靈觀。我會把它們想成是宇宙或大自然之類的。

可是，如果太過講究這些東西，或把它們看得太特別，就會變得很無趣。

金子　如果對泛靈觀鑽研過度的話，絕對會變得很無趣。

我本來就覺得您可能是泛靈觀者。但是會想說，不知道您有沒有自覺，有可能自己也沒發現吧。結果，您說出來的，還眞是貨眞價實的泛靈觀呢。

所謂的泛靈觀者，絕大部分都會察覺到自己是泛靈觀者，但我覺得，這麼一來就不是眞正的泛靈觀了。說成冒牌的，可能很失禮，但就不是眞正的泛靈觀。我屬於中間型，沒有像您這麼徹底。

橫尾 嗯……是這樣的嗎?不過,有一次我在公園裡發呆時,很多蜻蜓飛過來,我在心中對其中一隻說:「來我這裡。」結果牠還眞的飛來了,我就跟那隻蜻蜓玩了一個小時。

金子 這我就辦不到了。

橫尾 我覺得是剛好碰到了一隻糊里糊塗的蜻蜓吧。其實,我非常疼愛的一隻貓,在去年過世了。所以現在又養了一隻新貓,但這隻新貓有時會做出和過世的那隻貓一模一樣的動作。那種時候,我就會覺得,我是不是正在透過這隻新貓,和過去的那隻貓說話。這也算是廣義來說的泛靈觀嗎?

金子 雖然我不是專家,但我覺得這也算是。

橫尾 最近都聽不到泛靈觀這個詞了。所以,您的論述讓我覺得很新鮮。

保護自己的身體是人類的本能。倖存下來沒有特別的理由。

橫尾 話說回來,戰爭在那個時代,是一件現實的事,但對現在的人來說,已經不是現實中

所存在的事了。我們會覺得，金子先生所經歷的，不是普通的經驗，而是在死亡中走了一遭。我想聽聽看，經過了那些經驗的洗禮，現在的您是用什麼樣的態度生活？

首先我想請教，在特魯克群島（Truk Islands，太平洋戰爭的激戰地區，也是日本軍的軍事據點）的激戰中，許多人死在那裡，而您是如何保住生命，活著回到日本的？

金子 畢竟是戰爭啊。只要不被炮彈擊中，不就沒事嗎？所以只要躲在炮彈打不到的地方就行了，是不是？這是最簡單的答案。

因爲上了戰場後，人的本能就是保護自己的身體。沒有人會故意把自己的身體大剌剌地擺在敵人的炮彈前面，讓自己成爲彈下亡魂。這是理所當然的事。所以，沒辦法把這事簡化成我因爲泛靈的力量而逃過一死。

橫尾 原來如此，理由非常單純。

金子 是啊，尤其像是特魯克群島這種，美國會毫無顧忌地投射炮彈的地方，再怎麼保護好自己，都會被炸到。不想被炸到的話，就只能躲在洞穴裡了。

我待的是工程部隊，負責開鑿洞穴，建設壕溝，建造跑道，準備好各種應戰的設備。因爲作戰的流程是，工程部隊先去現場準備就緒，接著直接戰鬥部隊才前來作戰。所以，即使是一般的戰場，直接戰鬥部隊的死傷也一定比較多。我的部隊，只要按部就班做，就不太可能被炮彈擊中。

不過，還是有些人不太一樣，敵軍的飛機飛來時，他們就會像孩子一樣一邊叫著「好有趣」，一邊飛奔出去；或者口裡說著「要是戰鬥機來，就看我怎麼把它射下來」，一邊拿著機關槍飛奔出去。做這種蠢事，等於是自願喪命。

尤其格拉曼戰鬥機最喜歡把這種人當成攻擊目標了。

若是防衛性的部隊，只要正常躲好，通常都不太會犧牲。這已經是我們的大原則了。

所以我會倖存下來，不是因爲泛靈觀，也沒有什麼特別的理由。

我也必須先說，並非只有我一個人特別倖存下來。

逃過一死的其中一個理由，是運氣和命運。另一個則是軍人的生存之道。

橫尾　原來如此，即使如此，在特魯克群島的工程部隊中，應該也有許多人喪命吧？

金子　是啊，您說得沒錯。

工程部隊只要正常躲好，就不會送命。但要說明的是，即使如此，我仍然是少數的倖存者之一。由此可見戰爭有多麼激烈。

如果要思考，我爲什麼能在那樣的戰爭中存活下來，首先，是因爲我沒有直接上戰場。這或許是因爲運氣或命運吧。

另外一個原因，或許是我在特魯克群島上的生存之道，也就是作爲一個軍人的生存之道，比其他同袍同澤更能夠逃過死劫。

橫尾　生存之道嗎？願聞其詳。

金子　在特魯克群島上，有原住民卡納卡人（Kanakas，一般對密克羅尼西亞、馬紹爾群島、帛琉等島上居民的稱呼），他們在那座島上有好幾個部落，每個部落又各自有自己的酋長。要與那些部落的人進行交流，就必須透過酋長，這是基本原則。

那時最大的問題就是女性。不少部隊長已經把卡納卡人的女性當成像是自己的太太一樣。這必須要取得酋長的許可，酋長說「好」，才能把自己喜歡的女性留在自己身邊，或者，部隊長偷偷潛入部落的女性家中，跟對方發生夫妻關係，再回到部隊，然後反覆過著這種生活。一言以蔽之，就是日本部隊的部隊長，或擁有等同部隊長權力的男人，會把卡納卡的女性，當成自己的太太。這種例子比比皆是。

橫尾　原來如此。雖說是在戰爭中，但軍人們還是要有自己的生活。這是我們很難深入了解的一面。

金子　或許是吧。然後，那些擁有卡納卡人太太的部隊長呢，在戰爭都還沒打贏的時候，還在防守的狀態下，就擺出一副我是這座島上的頭號首領的姿態，作威作福。比方說，對酋長下令，叫他們拿什麼樣的食物來給他。不少人像這樣自視甚高，表現得不可一世。

日本軍戰敗時，許多那樣的人都被吊在椰子樹上，遭人打死。

我當時就覺得，不能做那種事。

我們是日本軍，只是剛好占領了特魯克群島。雖然從某個角度來看，的確可以把自己想成是特魯克群島的首領，但是把原本就在那座島上的卡納卡人的酋長，當成自己的附庸，還把自己在那裡看上的女性，當成自己的老婆一樣。我覺得這種事是不應該做的，所以我沒有這麼做。

我想這是讓我能這麼長壽的最大理由。

以平等的關係和當地人相處，貫徹這個原則。

橫尾　您在部隊中的地位，我想也是相當高的，但您不像其他人那樣作威作福的原因是什麼？戰爭的時候，您只有二十幾歲吧？畢竟是在年紀那麼輕的時候，難道不會因爲手上握有了權力，就開始覺得「自己很了不起」嗎？

金子　我至少也從中尉做到了大尉。在工程部隊中，中尉或大尉的地位，已經滿享有威權了，在戰爭現場可以說是頭頭兒。

所以和我相同階級的人，有很多都會從卡納卡人中挑選長相是看得順眼的女性，到了晚餐時間就一定要叫對方過來找他，讓對方幫自己斟酒，吃完飯後再發生男女關係。

不只在特魯克群島，不管在哪個島上，大家都是這樣作威作福。

可是，這些人有很大一部分，到了戰敗時，就被吊在椰子樹上，遭到眾人毆打。這種現象，現在大家可能很難想像。

一個部隊占領島嶼後，該部隊的部隊長，多半都會作威作福。然後，連當監視官的人，也會配合他們，表現出傲慢的態度。那樣的人就跟我剛剛說的一樣，一旦戰敗，就會被吊在椰子樹上。

橫尾　戰敗之後嗎？

金子　當然。因爲如果是在戰爭中，把那種人吊在椰子樹上的話，反而會遭到報復。對卡納卡人來說，等到對方無法報復時再做比較好。到了對方覺得你的地位高不高都已經不重要的時候，就會發生這種事。

所以，戰爭中不要自以爲了不起地以威權式的態度，對待卡納卡人的酋長或女性，這一點很重要。

在那裡，我特別提防的就是女色的問題。直到最後，我都沒有碰過卡納卡人的女性。雖然在那裡待了兩年四個月，但我一直恪守「不碰卡納卡人女性」的原則。

橫尾　能夠恪守這個原則，還眞是厲害。可是，我想在戰爭中應該也有看不到盡頭的時候，遇到這種狀況，您還是會想貫徹這個原則嗎？

金子　只要有心，其實就做得到。我是覺得，不能這樣對待卡納卡人的女性。雖然酋長對這種事是抱著高度警戒的，但感覺上卡納卡人的姑娘們，其實也挺想要得到日本男性寵愛的。您想想看，只要親近日本男性，就能從占領之處，源源不絕地取得菸酒，取得喜歡的東西。尤其是那種赤道穿過的南方島嶼，在那裡根本無事可做。所以，那會帶給人一種幸福感。像我在登陸的時候，島上的女人們都一直看著我。只要一有人進入部隊，她們就會盯著那個人看。這種時候，一定會有人想說：「看起來似乎有人對我有意思。只要我主動一點，對方馬上就會上鉤吧。」

但我覺得，這是絕對不能做的事。不能有這種男女關係。這是我還在日本本土時，智者告訴我的。他說，不能用威權式的態度對待當地人，尤其對男女關係要非常節制。他還告訴我，也不能有具體的行爲。

但我自己也很明白，那些事是不能做的。就算沒有人告訴我。對任何人都必須以平等的姿態相處。我是這麼想的。

所以，對於島上的女性，我連她們的手都完全沒有碰過，我眞的一點也沒有說謊。我也沒有透過酋長那裡取得這樣的權利。

橫尾　這眞是很了不起呢。

即使戰敗，還是能全身而退。這是令我自豪的事。

橫尾　和當地人平等相處的過程中，有讓您獲得什麼嗎？

金子　大概是當我們沒東西吃時，對方會通融一些食物吧？在特魯克群島中，有分別叫做春夏秋冬的島嶼，我待的島是秋島，我也曾以秋島派遣隊長的立場，種植番薯。因爲戰爭到了後半段，食物愈來愈短缺。雖然有自己種植，但是到了戰爭快結束時，秋島上也採收不出番薯了，所以我們沒有東西可吃。

那種情況下，有時我會去找酋長，有時他們會給我一些麵包果，有時是香蕉或椰子，我們是用這種方式補給食物的。

請求他們提供食物時，我都盡量自己去，就算要拜託別人去，也要拜託人品好的、自己信任的人去跟他們要食物。

因爲我覺得，如果做出對對方來說像是小偷般行徑的事，將來一定會遭到報復。

尤其是沒東西可吃時，對方也跟我們一樣。卡納卡人自己也要很賣力才能在島上生存下來。

我覺得這種時候，態度又必須比平常更加站在平等的立場上。

向對方拜託，只跟他們拿他們多出來的分。

關於食物，我也有做其他的各種努力。我會自己到處去找動物。

比方說，蝙蝠就是可以吃的。蝙蝠生活在洞穴中，我會去洞穴抓蝙蝠來給大家吃。

進入洞穴中，把蝙蝠的頭扭一下，牠們就會爆出眼珠死掉。然後把牠們的翅膀拔掉，再烤來分給大家吃。

只不過，光是我帶的部隊，就有兩百個人，如果一次讓大家吃個夠的話，蝙蝠就會被我們吃光。

所以，我會輪流說「這次是輪到你」「這個洞穴的蝙蝠就會分給你」，用這種方式分三到五次，把蝙蝠分給大家。
當時就像這樣，爲了食物，做出各式各樣的努力。但不管如何，我都絕對不會盜取卡納卡人的食物。

關於女性，絕對不可以強占他們的女人，這件事我不只對自己說，也一直告誡部隊裡的人，禁止大家這麼做。幸好我有堅持，才有現在吧。

因爲我的緣故，卡納卡人的女性才沒有跟我們的男性發生糾紛。

後來戰敗時，我們也沒有像部分的將校，被吊在椰子樹上，遭到他們痛毆或殺害。撤退時，我的部隊是全身而退。就是這麼回事。這是我感到自豪的地方呢。

橫尾　不只管好自己，還管好了身邊的人，這應該很不簡單吧？

金子　不，要管好周遭的人，其實是辦不太到的。

所以，無可奈何之下，只好建了一個叫做卡爾波斯的監牢。因爲卡納卡人會來控訴說，有人強姦他們的女子，或搶奪他們的食物。那我們就會把那個人抓起來，關進卡爾波斯中，並以種番薯的勞動當作懲罰。

我就是以這種方式，勉強克服種種問題。

沒有任何道德或倫理，就像一群泛靈觀的聚集體。

橫尾　原來如此，您眞有智慧。士兵跟所謂的知識分子、學養人士不同，他們比較草莽，跟他們講理是講不通的。所以要能全身而退，需要有很高的手腕吧。

金子　他們的文化水準，可說是低於士兵吧。但我壓制住了他們。雖然不能說做得很完全。我手下的部隊，大半是工人，是軍隊裡的技術人員。所以他們沒有一等兵、二等兵之類的階級，而是分成「工手」「職手」等的階級。工手的話，以軍人來說，就是士官等級。其他還有一些被叫做「工員」的技術人員，他們不像「工手」「職手」已經到達「手」字輩，也就是說，他們的階級等於軍隊裡的一等兵、二等兵。

軍隊的技術人員中，特別是工員，就像您所說的，都是草莽之人。這些人什麼都做得出來，想吃啥就吃啥，想幹麼就幹麼。而且其中還有建築員，他們很多都是以土木工程爲主，專門做力氣活兒的人。

所以他們覺得任何事都可以靠暴力解決。「喜歡什麼就靠蠻力搶過來」，這對他們來說是很正常的思維。尤其來到特魯克群島這種南方的最前線，那裡赤道穿過，有著各式各樣的食物，所以他們覺得，看到想吃的東西，只要靠自己的力量奪來就能吃了；看到女性走在路上，直接抓來強姦就行了。這就是他們的想法。我覺得這就是那些未開化的人的思考方式。我在和他們相處的那段時間，有過眞正的泛靈觀的體驗。我所屬的部隊是第四艦隊的工程部隊，工程部隊是負責土木建設。每支軍隊中，都會有一個做土木工程的部隊。陸軍裡好像也有，而海軍因爲要保衛島嶼，所以會有大型的工程部隊。而我是屬於第四艦隊的工程部隊。在這個部隊中，眞正的軍人屈指可數。我的部隊大約一萬人，其中有七、八千人是土木工人的工員，他們就是活在泛靈觀中的人。他們不是所謂的軍人，是從民間雇來的人、徵募來的人、徵用的人。

橫尾　是不是有很多一般民眾住在特魯克群島上？

金子　是啊，絕大多數都是日本人，但也有兩、三百個朝鮮人。跟這些工員們相處在一起，就會覺得泛靈觀所講的就是這群人。他們是泛靈觀的聚集體。

橫尾　您是指他們的生活風格展現出泛靈觀嗎？

金子　最直接的例子就是，當時我們因爲沒有食物可吃，而開始種番薯，他們會在我們正在種番薯的時候，從旁邊經過，直接把好不容易結成塊的番薯，若無其事地挖出來自己帶走，這種事是家常便飯。他們不覺得這是壞事。

他們表現出「因爲番薯就在那裡，所以挖出來吃就好了」的感覺。他們那麼做，並非知道這是一件壞事，但因爲沒有食物，而硬是告訴自己說：「在這種情況下，即使是別人種的東西，也得拿來吃。」他們是非常自然地覺得：「因爲有番薯在那裡，就拿來吃。」

一般人會不會是因爲道德、倫理的介入，反而無法維持一種眞正自然的狀態？

人類其實充滿野性，十分有趣。我和這麼有趣的一群人一塊兒相處。

金子　戰爭快要結束的四月，有一艘叫做冰川丸的醫療船停在特魯克群島。那艘船一口氣把護士、打字員等的女性，全部載回了日本。只不過，爲了防止有人胡作非爲，所以還是留下了小規模的慰安所。

有趣的是，接下來的兩個月左右，流行起了斷袖之歡。

如果進入卡納卡人的部落，跟他們的女性往來的話，就會被卡納卡人的男性，用類似劈椰子的柴刀，從背後做掉。結果有好幾個日本人被殺。在這種狀態下，只好自己人跟自己人做。看到這種情況，我就想說，眞有趣，眞是充滿了野性。我竟然跟一群這麼有趣的人一塊兒相處。我記得當時自己是這種感覺。

橫尾　即使在那種狀況下，還是壓抑不了性慾呢。

金子　是啊。所以變成男性之間的行爲。而且後來還因爲這種男性之間的行爲，而引發殺人事件。我那時候是軍官，有設置監牢，所以抓到那種人，就會把他們關進山上的小屋中，只有白天讓他們出來工作。

橫尾　人在極限狀態下，很難說會做出什麼事來。

金子　就是會變成這樣。也說不定是人類原本就具有那些天性吧。

橫尾　我想我就有，只是程度的問題。如果是一生下來就放任那些天性的話，說不定我到了那種地方，也會毫不在乎地表現出來。您在那時候沒有表現出泛靈觀的那一面，眞是太好了（笑）。

金子　那是因爲我太膽小了（笑）。因爲我是個將校，只要偷偷溜進卡納卡人的部落，自然會有女性送上門來，對方會主動獻身。但做了這種事的話，回部隊的路上，就會被他們的人暗算。我怕發生這種事，所以才沒去。而且我設置了監牢，如果我自己做了這種事，就無法服眾了。所以我會告訴自己千萬不能那麼做。但我內心其實很羨慕愛做什麼就做什麼，然後被關進監牢裡的那些人。

橫尾　他們活出自己最原本的模樣吧。

金子　我那時候還不知道「泛靈觀」這個詞，只覺得這是一個人最天然的姿態，而他們將這種天然的姿態爆炸性地全面展現出來。就是這種感覺。當時雖然不知道自己接下來的命運，但覺得，能有一個機會和那些人一起生活，是很幸運的。不過，我的人生似乎一直接連遇到這樣的事就是了。接下來還會有那樣的命運在等著我。從這個角度來看，今後可能也會延續著過去的脈絡吧。

橫尾　嗯……是啊。人生並不會隨著我們的年齡增長，而有什麼改變。雖然不知道未來的命運如何，但也只是按照以往那樣活下去。

金子　不過，那時候我有想過，如果我和卡納卡人的女性結婚的話，或許我就會走上一個不同的人生了。即使是現在也會這麼想。所以從這一點來看，我到現在還是個好色之人（笑）。

特魯克群島上的泛靈觀體驗，是我這一生中最寶貴的經驗。

橫尾　比方說，有些人害怕死亡，但我身邊也有不少不怕死的人。雖然不知道那是不是他們的真心話，但很多人會說，他們完全沒有思考過死亡這件事。我還滿羨慕他們那樣的。

有時我會打腫臉充胖子地說：「死一點都不可怕。」但內心其實有一部分還是害怕的。我覺得這種害怕的心情，似乎和泛靈觀有所關連。不怕死的說法，會不會是和泛靈切斷連結的狀態？

金子 我也這麼覺得。我也很害怕死亡啊。我本來以爲是因爲年紀輕才怕死，但後來慢慢察覺到，怕死反而是人類的一種本能，如果要用一個觀念來說明的話，就是泛靈觀。只要看看在特魯克群島上如泛靈聚集體的那群人就會知道，因爲他們都會害怕死亡。那是一個不講倫理，不講道德觀，可以任意殺人的泛靈世界。而我在那樣的世界裡待了兩年。我覺得，那段泛靈觀體驗，是我一生中最寶貴的經驗。

橫尾 過去一直以那種狀態活下來，往後也以那種姿態活下去，其實是最理想的狀態吧？

金子 我是希望自己能如此。

橫尾 您說您有種樹，您喜歡土壤，我想這些也全部都和強烈的泛靈觀體驗有關吧？還有，您的「他界說」也是相關連的吧？比方說，我覺得，說自己不怕死的人，他們的想法應該就是不相信有他界吧。

金子 是啊。我是相信有他界的。被別人殺死，是我最害怕的事。他殺而死的人去不了他界，對我來說，這是一種如信念般的想法。

橫尾　有人說他殺而死的人，雖然不知道去不去得了他界，但他們到現在都還停留在被殺害的那個時點，體驗著慢速播放，無法離開那一刻。

金子　正是如此。

橫尾　若按照您的觀點，將死看成是生的延長、生的過程的話，雖然不知道死後會去到一個什麼樣的地方，但在這裡的生存之道，就會直接在那裡展現出來。那麼，在那裡等著我們的，似乎就不會是一個這裡完全無法想像的世界了。

金子　我是這麼覺得的，所以才能很自然地說那裡是「他界」。

橫尾　那裡是「他界」，而我們這裡是「我界」，對吧？

金子　因爲我覺得，那裡存在著我們的世界。我們是爲了創造他界，而在我界進行模擬演練的。好像只要在這裡做好他界的模擬演練，就能一直過著那樣的生活了。我是這麼相信的。所以，我才敢大聲地說戰爭是邪惡的。因爲那是殺人的行爲，做出殺人行爲的人，是不見容於他界的。

橫尾　戰爭就是殺人與被殺的反覆行爲。如果一直在我界做這種事，到了他界就會一直過著被鬥毆的日子。

金子　畢竟我們的國家完全沒有這方面的教育。像我小時候，到寺廟裡玩耍，那裡的人給我看地獄圖，跟我說明地獄時，我眞的怕到了。因爲我沒有辦法把地獄圖當成是幻想的故事，所以我嚇壞了。

橫尾　或許每個人小時候都會有這種眞心害怕的感覺，但到了某個年齡之後，就失去這種感覺了。

金子　大概戰爭結束不久後，這種感覺就消失了。

去感受到看不見的事物，才是創造之本。

金子　我覺得，自從科學性的想法成爲主流後，我們就變得只承認眼睛看得見的東西，只要是科學無法理解的事物，就視爲不存在。

我覺得，去感受到看不見的事物，才是創造之本。若這個基礎不存在，我們就無法創造。看不見的事物帶來的力量，讓我們產生靈感，進而出現意想不到的創意。有時，我們不是會說出意外的字句嗎？那些字句並非來自於我們的邏輯、知識或學養。

橫尾　您說得沒錯。能脫口說出那些字句，是一件令人開心的事。

金子　對於反覆思考、反覆推敲而創造出來的東西，我們會十分執著，如果被別人貶低了，我們就會生氣。但若是看不見的力量所創造出的東西，就算被批評了，我們也不會放在心上。執念會消失，非常神奇。

橫尾　會覺得對方很蠢（笑）。

金子　我在看您的繪畫或文章時，就曾經覺得，您可能常常會把對方當成蠢蛋。文章中會湧現出那樣的感覺。

說成「把對方當成蠢蛋」好像不太精準。不是把對方當成蠢蛋，而是站在高處俯瞰的感覺。那應該是件愉快的事吧？

像是托爾斯泰、杜斯妥也夫斯基等文豪，他們寫作時可能都是把對象當成蠢蛋吧？可是，至少您的繪畫和文章，帶給別人的是幸福的感受。

在特魯克群島上貼著地爬行的人，才是真實的人。

橫尾　我父親在六十九歲過世，母親七十四歲過世。而我現在八十歲了，這樣想的話，就會覺得自己還真長壽。

但我還是覺得活得不夠。每天都在五官的感受之中，不斷浮現出還想做這個、還想做那個的念頭，我希望能將這些念頭都化爲有形物。

我沒有「應該做的事還沒做完」的想法，但自己想做的事情太多，所以會想說，若能再多活一天、兩天的話，或許就能繼續增加作品的數量，如此而已。

所以，我沒有還沒做完的想法，只是還有太多新的事情得去做。

金子 這或許是泛靈觀的一項要素吧？我覺得這是泛靈觀者所具有的心態。

橫尾 我不知道有沒有專門討論泛靈觀的書籍，但我總覺得，學者在討論的泛靈觀，跟您所說的泛靈觀是不一樣的。

今天談話的過程中，您完全沒有使用學術性的字眼，所以我覺得，您所說的其實是與生命有關的事。

金子 畢竟我說的都是我的經驗。

橫尾 我總覺得您所說的事，和您的長壽有關係。

金子 我在特魯克群島上遇到的那一群人，就是生命本身的體現。我擁有過一段和那群人生命與共的時間。從這個角度來看，就是和他們產生同步，親身去經歷，透過身體去思考。這種體驗方式與體力勞動者有共通之處。

雖然我一直用您的例子當成比較的對象，但我是眞心覺得讀您的文章，能讓我很開心。學者寫的文章讀起來很無趣，所以我不會認眞閱讀。每次讀到一半就開始對內容產生疑惑，想說：「這裡是在寫啥?這段文字是從哪兒引述來的？」於是，讀到一半就讀不下去了。我常常有這種壞習慣。

如果腦筋好的話，就可以把讀到的內容背起來。背起來的內容，下次就能當作自己的想法寫下來。這麼一來，工作就能不斷增加。可是，這種做法我一點興趣也沒有。

橫尾　您說得沒錯。

金子　所以，我只對自己體驗過的事有興趣，拿他人的經驗來運用，就像是讓別人幫自己按摩一樣，感覺就像是自己的身體自己不活動，反而要讓別人來幫自己活動。

橫尾　若從這層意義來看，學者和作家中，眞正的泛靈觀者是很稀少的。

即使有人對那些邏輯、理論產生共鳴，但接下來就會被置換成紙上談兵的論述或邏輯。這種東西很無聊呢。如果是那個人兩手空空獨自去到南美或非洲某處，拋下一切在那裡生活，之後再回來寫成文章的話，或許還比較能夠讓人信服。

您在戰爭中經歷了悲慘的遭遇，目睹許多我們平常不會見到的事物，但那些經驗又造就了您往後的工作和人生。用這個角度來思考的話，您的命運或許就像是已經被設定在這個方向上了。

金子 對我來說，我是一直都覺得只能這麼想。所以我不會看作是什麼痛苦的事。也沒有努力的必要，付出多少努力，內心就會產生出多少自我，而變得非與他人競爭不可，不努力而做出來的事物，不會有自我在裡面。

所以，從戰場回來後，我曾在日本銀行工作過一陣子，在那裡有一群自詡才高八斗的人，但看在我眼裡全都像蠢蛋。我總覺得，在特魯克群島上爲了生存而拚了命地貼著地爬行的人，才是眞眞實實的人。

那些日本銀行的同事，爲了點無聊小事，就在比說自己是哪所大學畢業的，對我來說，那群人看起來好蠢，甚至會想跳上去跟他們扭打成一團。戰後那段生活艱困時期的上班族，不是眞眞實實的人。

他界是一個永遠伸出手要救贖我們的世界。

橫尾 您是到了後來才恍然大悟，當初之所以會在冥冥之中走入戰場，在嚴酷的考驗中存活下來，都是爲了肯定現在的生存之道，因爲那些過往全都是造就現在的基石。

雖然看起來像是偶然，但全部都給人一種是必然而不是偶然的感覺呢。

金子 對我來說，特魯克群島是一個幸運的地方，同時也是一個非常不幸的地方。畢竟戰爭這事兒，就是當炮彈一落下，人頭就會被炸飛。我會忍不住思考，這種狀況中倖存下來的人，對他們來說究竟生與死，何者才是不幸的？

橫尾 從更高處來看，是那些人頭被炸飛的人，讓您看到屍首分家的那一幕。爲了您往後的人生，對方的存在是必要的。雖然這麼說，當事者聽到恐怕會不高興，但我有這種感覺。

金子 我想你說的沒錯。

可是，之前獲得朝日獎的時候（金子兜太獲頒二〇一五年度的朝日獎），我才第一次思考自己至今爲止所做的事，到底算什麼？

然後，就自然而然地想到戰爭中所經歷過的泛靈觀的世界。

我曾說過我寫俳句的心情，眞的很像是在替自己打造一個讓自己能活下去的地方。而大家都接受了我打造的世界。

橫尾 我以前也曾獲頒過朝日獎（橫尾忠則得獎於二〇一一年），當時我一直都在畫朝陽、畫旭日。我領獎致詞時，還半開玩笑地說，會不會是因爲這樣我才獲頒朝日獎（笑）。

金子 （笑）我是到那時候才開始覺得，我的俳句是爲了那些活在泛靈觀世界裡的泛靈觀者而寫的。

橫尾　這眞是了不起的思想。我不經意地說出「思想」二字，但您本身應該沒有把這當成一種思想吧？

金子　沒有。

橫尾　我想，若是和有自己的思想的人對談，應該不會聊到現在的這些話題。雖然這只是我直覺性的論調，但我覺得，有自己一套思想的人，他們說出的話，只有在理解那套思想的人身上才通用。但您說的這些思想，應該是任何人身上都通用，甚至在動物身上也通用。

我在作畫時，完全不會想說這是爲誰而畫的，也不會想說要讓和我有相同想法的人感受到什麼。

無論別人對我的畫作有感、無感，我都覺得無所謂。我不希望讓作品變成傳達我的思想的工具。

因爲作品畫好後，它就不再屬於我，它會變成是屬於對方的，或者說，變成屬於觀畫者的。所以我不想讓自己到那個時候，還得繼續爲我的畫作負責。

說個別人可能很難理解的話題，現在一般大眾的想法是，如果自己死了，世界也毀滅了的話，自己的想法、思想也會一起死亡，直接化爲虛無。這聽起來是一個鏗鏘有力的說法，但我仍然覺得並非如此。我總覺得，往後的未來，和還未出生在世上的過去，這兩者是有關係的。

金子 我的想法完全一樣。

橫尾 我不想用神祕主義者會說的那些話來詮釋這件事。

金子 我所提出的「他界」，就是這樣的想法呢。

橫尾 是啊。「他界」既不是「靈異界」，也不是「死後的世界」，又不是「亡靈的世界」。「他界」這個詞用得眞好。

金子 是不是？很神來一筆吧（笑）。

橫尾 眞的。如果寫成「靈異界」的話，馬上就變得像是江湖術士說的話了。

金子 就當成是有下一個世界的存在而已。我覺得，這樣想的話好多了。尤其在戰爭中，看到那些被炸彈炸死、手腳四分五裂的人，若不想說有下一個世界的話，日子眞的過不下去。人會在那裡得到救贖。我還是覺得，不會有什麼世界末日。我們不需要那樣的想法。只要活著，世間就會存在。只不過，另一方面我又覺得，活在殺戮之中的人，無法前往他界。講起來眞複雜。

橫尾　若非如此，我們就會不知道，自己現在為什麼要在這裡了。被人問說你爲何來到這世上時，我也不是完全沒有「自己是透過自己的意志來到這世上」的感覺。人出生前若是沒有任何意識，就會變得很不公平。有人成爲有錢人，有人成爲貌美的人，有人成了小偷，各式各樣的人都有。這麼一來，就表示所有人都是在不公平的狀態下出生的，但我總覺得宇宙不會做出這種事。宇宙應該是更加平等的。現在只是我們截取了一個片段來看，才會覺得不平等，如果把這個世界的以前和以後都加起來看，或許就會發現，宇宙是很平等地將生命送到世上來的。

金子　我說過我自己是因爲他界而得到救贖。我覺得，他界就是像你說的這樣。因爲我認爲他界就是一個永遠伸出手要來救贖我們的世界。雖然這種說法，恐怕會給人盡往好處想的感覺。

橫尾　我也是這麼覺得，只是不知道一般人能不能接受（笑）。

金子　一般人很少這樣想吧。

橫尾　畢竟硬是要深入討論這些話題的話，就會變得像是在談論宗教了。

金子　即使如此，這仍然是我們的心聲。他界是存在的。

二〇一六年十月十三日
攝於埼玉縣熊谷市的金子兜太住家

李 禹煥

Lee Ufan

81歲

社會上的聲音和流行趨勢沒啥大不了，
重要的是自己想怎麼做。

美術家

1936年生，大韓民國慶尚南道人。
日本當代美術的一大潮流「物派」（Mono-ha）理論上的主導者。
現在以日本為據點，活躍於全球各地。
與安藤忠雄攜手合作，在瀨戶內海的直島上，成立李禹煥美術館。
多摩美術大學名譽教授。
1991年，獲得法國文化部所頒發的藝術與文學勳章「騎士勳位」（Chevalier）。
2002年，獲頒紫綬褒章。
其他還獲頒許多獎項與獎章。

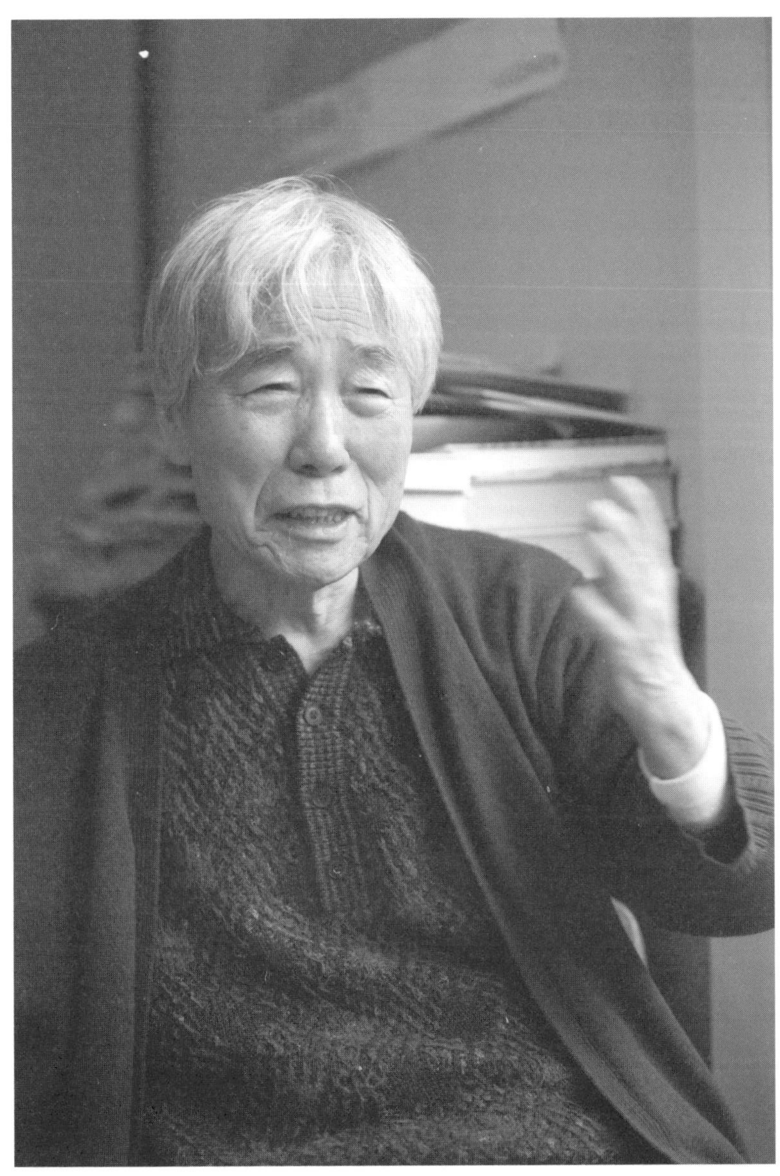

正因有那些批判，
才讓我找到自己的生存之道。
對我而言，
畫畫時才是我真正活著的時刻。

罹患「再晚一步後果就不堪設想」的大病。

橫尾　隨著年齡增長，全身各處眞是每況愈下。

李　沒有每況愈下才奇怪吧。像我幾年前，也在巴黎經歷了一場災難。半夜，背忽然痛了起來，我是一邊慘叫一邊醒過來的。我實在痛得無法忍受，只好打電話給住在附近的朋友。

橫尾　咦？在巴黎發作的嗎？

李　對，到巴黎才發作的。我不只向附近的朋友求救，還找了其他朋友。是他們兩人幫我叫了救護車。

橫尾　唉唷喂呀。

李　半夜一點左右，我被送到巴黎美國醫院（American Hospital of Paris），在那裡檢查了一整晚。後來發現是細菌在脊髓周圍增生，我因此住院了三天。但他們說繼續待下去也不是辦法，就叫我回日本去。

從巴黎返回日本的途中，會在首爾轉機，所以我就順道在三星首爾病院（Samsung Medical Center）接受診療。結果他們告訴我：「從現在起您一步都不能離開這裡。」我直接被送進病房。他們幫我再重新檢查一次後，又讓我住院三個月。背痛的原因，據說是細菌跑進脊髓裡了。

橫尾　細菌跑進脊髓？

李　對，聽說這種疾病以前很罕見，但最近愈來愈多。當時，細菌還侵入了我的心臟，三星首爾病院的醫生拚了命地檢查細菌有沒有侵入腦部，結果幸好沒有。因爲聽說侵入腦部的話，就沒救了。

我就這樣被困在首爾將近三個月，每天施打抗生素。我因爲抗生素的副作用，食不下嚥。因爲會聞到一股前所未聞的臭味，根本就像是來自地獄的臭味。任何東西都會讓我聞到難以忍受的臭味。但他們強迫我進食，對我說：「光吊點滴是活不了的，你再不吃會要命。」人哪，不管食物再怎麼噁心，只要聽到不吃會死，就吃得下去了。

這種強迫進食，過了兩星期也就習慣了。我（逼自己）進食後，過了大概一個月，身體就好了些。

畢竟要活著就是得進食。

橫尾　得這個病前，有什麼徵兆嗎？

李　不知道。

橫尾　突然發作？

李　因爲我那時拚了命地工作，就算有徵兆，也可能沒注意到。

橫尾　那還眞恐怖。

李　就是說啊。只不過，那一陣子我實在忙到焦頭爛額，爲了工作東奔西走。到了歐洲，雖然雜事比在日本少，但既要忙參展、又要忙著拜會他人，搞得我精疲力竭。

橫尾　後來呢？回到日本後，也有在日本住院嗎？

李　倒是沒有。我有爲了保險起見去醫院檢查，但那時已經好得差不多了，所以沒有再住院。

橫尾　啊，那眞是太好了。

李　眞的！我在首爾出院時，那裡的院長還對我說：「李先生，要是再晚一步，後果就不堪設想了。因爲（從巴黎飛抵首爾時）細菌已侵入心臟，再晚一步抵達的話，細菌可能就侵入腦部了。」

橫尾　還眞是一場大災難呢。

那您回到日本後，身體立刻恢復了嗎？

李　四月出院後回到日本，接下來在威尼斯馬上又有一場展覽，我就在五月半左右前往威尼斯。可是，人還是會暈眩，而且一坐下就站不起來，那時身體一直沒能完全恢復。

橫尾　沒再感到疼痛嗎？

李　疼痛倒是完全沒有。我的體重原本是六十二公斤，這場病讓我瘦到五十四公斤。後來升到五十八、九公斤，但一直沒辦法回到六十公斤以上。

橫尾　這件事是幾年前發生的？

李　三、四年前，大概是七十七歲發生的事。

橫尾　原來如此。但現在精神變得這麼好了（笑）。也算是個正面的經驗了吧？

李　這個嘛，事情一旦過了，即使是要人命的重病，也會變成寶貴的經驗吧……（笑）到了這把年紀，只要還活著，就有意料不到的事。只不過，想要順利通過疾病和災難的重重考驗，努力克服、堅持戰勝的意志固然重要，但除此之外，各個層面的運氣似乎也不容忽視。

因為被批判而找到自己的生存之道。

橫尾　不過，儘管得了那樣的重病，您還是一而再、再而三地飛向海外吧？

李　或許是種習慣吧。我這輩子都活得像個浪人，天生無法長久待在同一個地方。

橫尾　我自從那次在韓國辦展覽，就沒再離開日本，所以已有七年都完全沒出過國了。

李　哦，眞的啊？

橫尾　出國的事我放棄了。我已經打定主意再也不出國了。

李　我跟您相反呢，反而是不遠行就會受不了。一直待在同一個地方，會讓我變得渾身不對勁。我是要活就要動。

橫尾　不然會生病？（笑）

李　對，會生病（笑）。生一種名叫「活動」的病。

我是在一九五六年來到日本。那時，我還是個學生。孑然一身時倒還好，到了一九六九、一九七〇年左右，我才稍微有點名氣，就遭到日本美術界的強烈批判和抨擊。我那時實在承受不了，但也不想就此逃回韓國，因爲這樣，我才開始往國外跑的。

橫尾　那時候您還沒有開創出「物派」（從一九六〇年代末期，持續至七〇年代中期日本現代美術的一大潮流。始於一九六八年，關根伸夫發表作品《位相——大地》後，李禹煥以嶄新的視點評論此作品，並形成一派理論）吧？

李　不不不，那時已進入物派的時期了。

橫尾　已經進入物派的時期嗎？那時有受到這麼嚴重的批判？

李　一九七〇、七一年前後，可能是被批判的全盛期。

批判我的人都是比我年輕很多的人。我被罵慘了，他們鬼扯說李禹煥是法西斯主義者，是神祕主義者，然後其他人也跟著附和。從那時候，我才開始常常往歐洲、美國跑。可是，我跟美國沒有那麼意氣相投，所以一九七三年以後，我每年都會往歐洲跑，大概一九七五、七六年起，每年我都有一半時間待在歐洲。

橫尾　原來背後有這樣的故事。

李　可是啊，正因有那些批判，才讓我開始出走海外，尋找生存之道。沒有那些批判，說不定我會變得游手好閒吧。這種事也是等事情過了，就會覺得是上天的恩賜。

橫尾　說不定眞是如此呢。

李　畢竟我只是個平凡人，到現在被別人批判時，我還是會不爽在心裡，也會非常受傷，但我已經能接受這樣的自己了。過了很久，事過境遷後，我對那些曾惡言相向的人說：「雖然都是你們的欲加之罪何患無辭，但也因爲有你們那些誇張的惡言惡語，我才會那麼努力地在國外生存下來。所以，現在我已經能對你們說謝謝了。」結果他們全都捧腹大笑（笑）。我一點都沒在騙人。

橫尾　反而讓您放膽走自己的路，不也挺好的嗎（笑）？

李　是啊（笑）。可是我還是飽嘗了痛苦的滋味。

在死亡的焦慮中，「不甘心人生就此結束」。

橫尾　我今天有很多事想向李先生請教。

我們兩人年齡相仿（對談時，兩人皆爲八十歲），其實我現在訪談的對象，都是八十歲以上，來自各領域且正在進行創作的人。我跟各位見面，向各位請教關於創作上的事，以及創作家的健康、延年益壽、壽命等的話題。雖然這是美術界中平常不太談論的話題，但今天想向李先生多多請益。

我經常會思考一件事，我們不是有身體上的年齡，和自己內在的藝術年齡嗎？在身體年齡和藝術年齡兜不在一塊兒的期間，都還能姑且保持健康，但這兩個年齡終有一天會再走到一塊兒。

我是在七十歲時發生這種狀況。本來我還覺得自己很年輕，覺得自己大概六十歲左右。我這可不是在謊報年齡（笑）。

但實際上的身體年齡來到七十歲時，我一下發生顏面神經痲痺，一下得到帶狀皰疹，突然被各種疾病侵襲。

就在那時，我的藝術年齡和身體年齡，突然合而爲一了。也就是說，過去覺得年輕十年左右的藝術年齡，突然變得和身體年齡一樣，藝術年齡不再那麼年輕了。於是，我從那時候才開始產生老年意識，意識到自己老了。

當然，身體是從那之前就開始老化，只是我一直沒放心上。所以，七十歲時，我第一次意識到自己老了，第一次在心裡有了類似「老年意識」的東西。這時我就想說，不能再延續以往的生活方式了。因此，我開始訪問前輩，向大家請教這方面的問題，到目前爲止已見了好幾位。

有趣的是，大部分的人都說，他們從來沒有思考過這件事。

李　這個嘛，我可能不太會去思考這種事。

橫尾　這實在很有趣。從來沒去想過自己的年齡。連自己的身體健康和疾病，以及不久的未來會如何，都沒思考過。關於死亡的問題，大家也太置之度外了。因爲絕大部分的前輩都是如此，所以我得到了一個結論——或許不去思考那些事，就是讓人長壽的原因。只不過，這些前輩都是有在進行創作的人，所以不思考恐怕也是理所當然的。我覺得各位之所以養成那種（對年齡沒有執著的）想法，就是因爲大家都有在創作。但是連這兩者的關係，大家都不在意。不過這一點也很令我羨慕。

李　這個問題眞困難。我在三、四年前，在醫院住了三個月左右時，眞的曾經想過，我的人生是不是就到此爲止了。

橫尾　眞的嗎？

李　眞的。於是，住院那段期間，我完全沒有「一定要努力讓自己好起來」的念頭。因爲那是從來沒有過的經驗，所以我非常驚慌失措，不知道接下來到底會怎樣。

我驚慌失措了一個月左右，精神才稍微恢復了一點，那時才開始想，我得爲自己做點什麼。看不到未來的時候，眞的會陷入不知所措的狀態，但隨著狀況逐漸改善，才能看見一絲未來的曙光。看得見未來的曙光，就會湧出生存意志，產生思考的力量。

於是，我就開始掛念我的工作行程，擔心之前做到一半的事，一有空就抽出筆記本，思考下一步怎麼做。

當我處於絕望的時候，就眞的什麼也無法思考。對。

橫尾　雖然什麼也無法思考，但卻感受到了對死亡的焦慮，對吧？

李　就是因爲焦慮，才想說人生大概到此爲止了。這麼想時，就會兩手一攤，情緒也會歸零，腦筋變得一片空白。但我倒是沒有害怕死亡之類的想法。

不過，會有「不甘心人生就此結束」的心情。

橫尾　不過，經歷這場大病後，現在應該對當時的經驗，是正面肯定的吧？

李　當然是正面肯定。我覺得那是上蒼恩賜的寶貴經驗。大病痊癒後，彷彿會產生一種超脫的力量。

我原本就強烈地覺得「自己是孤獨的」。我強烈感到自己在沒有國家、沒有社會幫助的情況下，一路上幾乎都是一個人努力而來的。我總想說「自己不努力的話，絕不會有人幫忙」，所以一直以來都非常拚命。一個人孤立無援。

社會上的聲音和流行趨勢沒啥大不了，重要的是自己。

橫尾　剛才我提到了身體年齡，還有藝術年齡，說得誇張一點，就是創作年齡。我不是說，原本兜不在一起的身體年齡和創作年齡，後來合而爲一嗎？但我很不喜歡這種合而爲一。原本自認年輕的創作年齡，就是不能和身體年齡一樣，就是不能同樣是八十歲。創作年齡還是年輕一點較好。或者，像活到（虛歲）九十歲的葛飾北齋一樣，創作年齡超越身體年齡。於是，我在滿七十歲時，就開始覺得，這兩者合而爲一，是一件很不妙的事。

李　眞的合而爲一了嗎？我是覺得不太可能那麼一致，應該是只有在某個瞬間有這種感覺吧？

橫尾　您說得沒錯。畢竟當時一口氣生了兩種病。於是，我一邊承認邁入七十歲的自己，已經是老人了，已經踏入老境了，但另一方面，又不願承認鏡中的自己、照片中的自己是個老人。所以今天也穿了這麼花稍的衣服（笑）。

李　是啊是啊（笑）。看得出來。

橫尾　所以，我覺得有兩種方法，一種是從內在開始淨化，一種是從外在開始著手。

李　我想您說得沒錯。上了年紀後，比起聽別人說些什麼，看現在流行些什麼，我確實會更在乎自己想怎麼做，會愈來愈想去面對自己的內在。

橫尾　是啊。對於時代性要素、社會性要素這些外在的東西，會愈來愈不感興趣。

李　沒錯沒錯。也不是說完全沒有興趣，只是覺得，那種東西沒啥大不了，都只是一陣一陣的。所以，愈來愈著重在「自己能做什麼，自己想做什麼」。

橫尾　眞的是如此，這才是唯一的重點。

李　這才是唯一的重點。反過來說就是，雖然看似什麼都能辦到，但卻不輕易出手，也就是愈來愈善於讓自己打消念頭了。

橫尾　拿世上的人事物來和自己比較的相對性想法，也會隨著年齡逐漸消失嗎？

李　對，慢慢消失。大概不可能完全消失，不過，我也已經大大地減少那種想法，變得不太會想去在意那些事了。

橫尾　對啊，像是年輕時的那些野心、企圖心或心願之類的。

李　沒錯沒錯。看其他人名氣一飛衝天，就很在意之類的……

橫尾　以前的確會很在意呢。

李　是啊是啊。

橫尾　來到某個年齡，就會漸漸地不去在意這些事。不特別修行，也會自然變成這樣。不需要打坐，不需要去瀑布下修行（譯註：日本神教中，站在瀑布下讓瀑布沖打身體的修行方式）。我想，年齡增長就是這麼回事吧。

李　沒錯沒錯。換個角度來看，說不定是變得愈來愈老頑固。但另一個角度來看，就是開始在心境上覺得「連那些雞毛蒜皮的小事，都要一一在意的話，簡直沒完沒了」。社會那些亂糟糟的事，也都不是眞實的，都沒啥大不了。我覺得，就是愈來愈能割捨，放得下的東西愈來愈多。

橫尾　哎呀，眞是英雄所見略同哪。

所謂的企圖心，絕對是一種朝向社會、朝向外在發動的意識，而不是面對內在的意識。感覺上就是，當我們面對內在的意識愈來愈強時，面對外在的意識就會愈來愈弱。

畫畫時才是我真正活著的時刻。

李　作畫或進行某種創作，既有趣，又會伴隨某種痛苦，但偶爾我也會閃過一種懷疑的念頭，想說「這些事做了又能怎樣？」或「這些事到底有多大意義？」不過，會覺得「除此之外，又不想做其他的事」，但有時就是會閃過那樣的疑問。

橫尾　我也會，自始至今一直都有這種疑問。可是，我會對自己拋出這些疑問、提問，因爲這會讓我自己拚命找答案。但這些問題是沒有答案的。沒有答案不是會讓我們感到痛苦、煩惱、迷惘嗎？這時，我就會趕快逃離那些想法。這樣會不會變成是爲了逃避現實而創作了？

李　不會有眞正的答案，不可能存在的。藝術表現的根本，是超越使命感、正義感等概念性事物的，它恐怕像是一種類似業力的東西。

但在創作的期間，我們會產生感受，會發現靈感，我們的內在會不停地發生變化。我覺得，不斷累積這種經驗的人，才是所謂的藝術家。或者說，如果不幹這一行，我們就無法感覺到自己的存在。

所以，我總覺得，以創作爲業的人，在進行創作期間，似乎會進入一條獨特的隧道。

橫尾　是啊。我在作畫時，都會盡量讓自己不去思考。爲了讓自己不思考，我會一直開著音樂。伴隨著音樂的旋律、節奏、聲音，盡量讓自己從語言中跳脫出來。

李　我也跟您非常類似。畫筆一下，我就不去思考其他事。開始畫之前，會想像是這裡要用這種方式試試看，那裡要用那種方法試試看，畫完後這邊要不要再調整一下，或者，下次嘗試一下如何如何……開始前會想很多，但一旦開始作畫，我就會什麼都不想。

橫尾　是啊，我也完全一樣。這不就像小孩專注在玩耍上嗎？那種狀態是什麼都不思考的狀態，而大人則是懷有目的的，爲了達成什麼事，爲了禮義廉恥、忠孝仁愛，所以才要幹麼幹麼。以這件事來說，我們畫畫，並不是爲了幹麼而畫的，我們沒有那些冠冕堂皇的理由。

李　對，如果在工作的當下，碰上「爲何而做」這個命題的話，肯定會畫不出來。會變成不是我們在畫畫，而是畫作逼我們去畫它。

橫尾　確實如此。我們不是爲了配合展覽的日期而畫，不是因爲畫出什麼就會得到肯定而畫……這些不是我們會去思考的。因爲我們不是爲了這些目的、結果而作畫的。

李　那是次要、甚至再次要的事。

橫尾　沒錯。那是層級非常低的事，類似雜念的東西。

因爲我們是人，所以不可能沒有雜念。可是，一旦和雜念攜手合作，那可就不妙了。

李　那可不妙。創作的時候，不能帶著那些想法。

所謂的工作，眞的就像我剛才提到的隧道，當自己進入隧道後，如果讓其他東西一起進入那條隧道裡的話，就會做不好。所以，在創作的過程中，我們會用到各式各樣的手段（以防雜念進入）。有些人是聽音樂，有些人是不准旁邊發出一點聲音。

我有時也會放音樂，這時放的音樂，我會盡量選簡單的，對我來說，音樂最好不要太有趣，也不要富有旋律感。

橫尾　是啊，這一點我也一模一樣。因爲說穿了，只是想靠音樂，阻絕自己的思考，用聲音阻止思考的運作。可是，如果問我平常能不能進入那樣的狀態，那還眞是沒辦法。平常還是會東想西想。只不過，唯獨作畫的時候，會想讓自己變成和平常不同的自己。

李　我覺得，那才是眞正活著的時刻。我想，對藝術家而言，在那樣工作的當下，才是眞正活著的時刻。

橫尾　沒錯，正是如此。這是選擇這個工作，最讓人感到幸福的瞬間，對吧？一想到如果選了其他職業，不知現在的我會是如何，就覺得自己很幸運。只不過，我們進行創作是從無中生有。從無到有的創作過程中，還是會有一種難以言喻的焦慮感、恐懼感，還有各式各樣的危機感。但這些感覺最後都會逐漸化爲快感。

李　沒錯沒錯，不過那種感覺，不知該說是快感，還是什麼。像是難以形容的某種發狂狀態，又像無意識狀態，唯一可以確定的是，會讓人全神貫注地投入其中。

當我從日常雜事回到工作上時，創作思維就會馬上變得透明起來。

橫尾　您會每天工作嗎？

李　在日本的期間，會寫一些簡單的文章，不是在寫文章時，就是在工作。

橫尾　沒有不用做任何事的日子嗎？

李　很少呢。當然，有時我也會去一下東京，有時會出來辦事或赴約，但我一有想法就會寫下來，有時也會寫寫生……不做任何事的日子，倒是比較少。

橫尾　因爲不用做任何事的狀態，滿容易讓身體出狀況的。

李　正是如此。

不過，即使是出門赴約或辦事時，我的頭腦也會一直維持在「創作思維」上。雖然思考會（因爲眼前的雜事等）中斷，但即使中斷了，也會在某一刻接回來。

所以，無論是搭電車或辦事時，我都會下意識地思考著「怎麼做比較好」，赴約、和他人見面時，雖然會完全忘記創作的事，但也會在某個瞬間忽然回到創作的思緒上，想說「要不要這樣做、要不要那樣做」之類的。時而中斷，時而接續，我總是存在於這種思緒中。

感覺上，在我們還沒從日常雜事，回到工作上之前，創作思維似乎是中斷的，但事實上，那種思緒從來不曾斷過，一旦開始工作，思緒就會馬上變得透明起來。

橫尾　這到底該如何解釋？

創作的狀態，是一種無可取代的時刻。有時我會問自己，這種狀態到底該如何解釋？

李　這個嘛，我覺得這跟可用語言描繪的世界不太一樣。

橫尾　是啊，可用語言描繪的世界，是觀念上的、理論上的。

大家會說，在故事上如何如何，但我們的繪畫世界，是無法靠這些來描述的。

李　創作這件事，不同於可用語言描述的事物。可能是某種莫名的潛意識湧入了我們的思緒中，幫助我們工作。

橫尾　雖然無法清楚說明，但我覺得自己就像是「生存在非語言世界的人」。當我來到一個有語言的世界，我的感覺就像原本在河川裡優游自在的魚，突然被放入大海，因爲大海的鹹水而活不下去。在我心裡就像是這種感覺。

李　我也跟您一樣。只不過啊，畢竟我們是人，我想，還是需要日常生活中各式各樣的經驗。我覺得平時的各種經驗，會滋養不同於語言的另一個維度的世界，或是帶來某些影響。

橫尾　有時，我們是透過生活進行創作的。

平面繪畫或立體雕塑中，都有身體化的元素。

橫尾　您在創作像現在這類抽象作品前，都是創作什麼樣的作品？您有畫過具象性的畫嗎？

李　在南韓，我曾在美術大學就讀過兩個月左右，接著就休學來到日本。來日後，我想要學習語言，朝文學方面發展，不打算再走美術這條路，而進了文學系所。然而，我又覺得非母語的文學很困難。那段期間，我打了很多工，但還是畫花、畫風景，比較容易賺錢。所以我仍跟繪畫一直保持著某種連繫。我慢慢認識了許多畫家，看了許多展覽。我本來是打算放棄美術，但卻又漸漸開始著迷，繞了一圈，最後還是回到美術這條路上。

那時候，我也有畫具象性的畫。我不覺得，我現在所畫的是完全抽象的。當我們在畫一個點或一條線時，只要自己覺得這個點是抽象的，它就是抽象的，但在一幅畫中，點也可以說是一切的起始、最基本的要素，所以我覺得，不見得什麼都能套入抽象或具象的概念中。畢竟只要將這些要素、元素加以排列組合，就能組成具象之物。所以，我的作品就像是把最基本要素加以擴大的感覺。

橫尾　我反而覺得，我畫的雖然是具象的物體，但在表現手法上是抽象的。對您來說，空間性的雕塑作品和平面性的繪畫，這兩者是相同的嗎？

李　以廣義來看是相同的。

我覺得，所謂的繪畫，就是以平面爲基礎，或者說爲前提。當然，最近有很多不同形式的繪畫，會加上各種凹凸不平的物體，但繪畫基本還是用畫的，所以應該是平面的。以平面爲基礎，再衍生出各式各樣的變化。

然而，人的頭腦中有些東西是無法平面化的。這些東西我就會想要直接讓它們和外界產生互動。所以，有時我會看重三度空間的要素，希望藉此更進一步將作品延展開來。

平面其實會強烈投射出自己的內在。平面的特點就是，能夠透過繪畫，強烈地反映出我們的內在。

另一方面，也有些東西會讓創作者希望在表現手法上，不是只有投射出內在，還要和外界產生互動，這時我就會想以雕塑或立體性、三度空間性的物體來表現。我覺得，立體性的作品和平面性的作品，與其說兩者是在某個點上分道揚鑣，不如說是從一開始就是一體兩面的事。

橫尾　可是，您在發表時，這兩種作品是完全分開來發表的吧？

李　是的。偶爾我也會想試著一起發表，但要在同一個空間，將兩者有效地加以表現，並不是件簡單的事。

因爲以雕塑來說，重點不是在三維的造形物上，而是在空間上。當空間是重點時，展示上，周圍就需要相當的空間，如果將平面繪畫放進同一個空間裡，兩者就會互相產生衝突。

橫尾　平面的作品和立體的作品，在您身上取得了絕妙的平衡呢。

李　因爲我非常努力在思考這件事。

簡言之，雖然說繪畫是平面的，但是當我在畫布上，點上一個點或兩個點時，我會以相當的力道「砰」地點下去，我希望我的這種力道能穿透畫布，向四周發散出某種振動頻率，進而和周圍的空間產生關係。

至於雕塑，因爲它就是與物體力量、或與空間的關係，所以我覺得一定能在某處，產生這種振動頻率。

可是，有時我能有效地表現出來，有時卻產生衝突，這也不是件容易的事。但無論如何，最大的重點都是振動頻率，也就是透過表現手法賦予作品生氣。

橫尾　但兩者都和身體化密不可分。

李　正是如此。透過表現手法傳遞出的生氣，其實來自身體化。

橫尾　這眞的很重要。美術和文學不同，美術是身體化的。

頭腦不如身體。身體如宇宙般遼闊。

李　橫尾先生，您是自己親自作畫吧？我認識各式各樣的藝術家，現在放眼全球，親手動筆作畫的人已很罕見了。

橫尾　的確變得罕見了。親手畫畫明明就是一件能帶來喜悅的事。

李　大家不是讓別人代筆，就是透過電腦繪畫。

我沒有要說那是「不好」的，但我自己無法安於那種狀態。

還是得由自己的身體來進行，或者說，讓自身與空間、時間等各式各樣的事物相互產生關係，進入剛才所說的獨特的「隧道」。當自己處於這種獨特的體驗中，會感覺到自己眞的活過。這種體驗無法讓渡他人。所以，我覺得這就是繪畫的身體化之處。

進行雕塑時也一樣。當然，若是製造大型的雕塑物，有時就非得去工廠（借他人之手）一起製作不可。但先撇開那種情況不提，只要看我的作品，應該就能透過物體與空間的力量與緊張感，感受到身體化。無視身體化的創作，或單純在展現符號或知識的作品，無法引起我的興趣。

橫尾　也就是說，您對只有概念的作品沒興趣嘍？畢竟概念是無法裝載靈魂的。

李　完全沒興趣。

我今天也有問題想請教橫尾先生。近來，不是有AI（人工智慧）啦、電腦技術等各種革新嗎？我並不否定這些科技，我覺得它們非常有利用價値。只不過，再怎麼拓展這些領域，再怎麼使技術進步，也都只能局限在人類的知識範圍之內。可是，身體化這種事的對外關係，是遠比那些機械或電腦，來得遼闊寬廣的。

橫尾　今天跟您談論的話題眞有趣。非常有趣。電腦的崛起，在某方面有著一種否定人類的感覺。

李　最近電視和報章雜誌上，不是經常提到人工智慧嗎？因爲大家頭腦都很好，都寫得煞有介事。受到那些資訊的煽動後，大家都開始說「未來要大事不妙了」，應該會發生什麼重大的改變吧。

橫尾　是啊。可是，我站在藝術家的立場，倒覺得那是很有趣的嘗試，一點也不可怕。

李　說不可怕是因爲，ＡＩ是知識的總合。可是，人類並非知識的總合。我覺得，能展現出無窮無盡的可能性的，正是藝術。包括潛意識啦、發狂狀態之類的。人類的潛意識、發狂狀態，是人工智慧所無法觸及的。所以，站在藝術家的立場，ＡＩ也沒什麼了不起。頭腦愈好的人，愈愚蠢。

橫尾　他們是無法解決問題的，因爲他們只用頭腦思考。身體化這件事在他們的世界裡是不存在的。

李　沒錯。他們完全不懂。我覺得，人的身體雖小，但其實卻是如宇宙般遼闊。

橫尾　一個人的身體裡，包含了心靈、肉體、以及靈魂。如果問這三者中地位最高的是何者，一般會說是心靈，以現在的說法，就是頭腦吧？一般人會說，這三者都是由頭腦掌管，頭腦知道最多，但我並不覺得頭腦的地位有那麼高。頭腦比肉體還愚蠢呢。

李　跟我想的完全一樣。

橫尾　我覺得，頭腦反而比肉體還低階。

李　您說得一點也沒錯。

雖然肉體被（頭腦好的人）看扁了，但我們的肉體上，不是有一層皮膚嗎？我覺得這是非常了不起的事。之所以這麼說是因爲皮膚能與外界產生接觸。所以身體與外界，是有所連繫的。但頭腦就跟外界沒有接觸了。不管大腦再怎麼大，它都是在一個封閉的世界裡。但身體並沒有被封閉。身體可以透過與外界的接觸，而產生無窮無盡的創造。當我們要接觸一個莫名的或未知的事物時，身體的作用比頭腦優秀多了。我是這麼覺得。

橫尾　您現在說的是，身體與外界的關係。

所謂身體，就是指肉體吧？肉體不是無法說謊嗎？

相對地，頭腦說的謊則是要多少有多少。頭腦動不動就會拿出四維八德來當藉口。換言之，頭腦會在原因上尋求正當化。

拿會說謊和不會說謊給我們選的話，我們當然會覺得，必須用不會說謊的身體來工作。

身體不是也有它自己的聲音嗎？我覺得，身體的聲音，不是頭腦的聲音，是身體、肉體本身的聲音。不聽從身體的聲音，而聽從頭腦的聲音，絕對不會有什麼好事發生。身體的聲音可以說是具有靈性的，而不屬於頭腦的智性。來自這種聲音的語言，不會像頭腦那樣，找來一堆莫名其妙的社會性理由。痛就是痛，冷就是冷，非常誠實。靠頭腦真的是沒好事。

李　眞的沒好事。只聽從頭腦的聲音創作，不可能使人著迷，也無法感動人心。

知識豐富雖然能帶給人學習，但還是有其極限。

橫尾　是啊。我有思索過，我是在何時親自感受到那些身體感覺的。我想，是到十幾歲爲止，也就是一歲到十九歲人格形成的時期裡，體驗到那些感覺的。

彷彿是我在那段時期，創造了一個潘朵拉的盒子，把那些無法解決的、非常不透明的要素，滿滿地塞進盒中。

至於二十歲以後獲得的，就都是幫助我們在世間生活的工具，像是知識、學養、資訊等等。這些東西幾乎都派不上用場，完全沒用。有用的反而是兒童時期、十幾歲時的各種記憶、經驗、感覺。那些非社會性的不透明的東西，全都派得上用場。你要說那些東西是什麼，其實就是身體。

兒時的經驗，全都是靠身體得來的。二十歲以後的經驗，全部都是靠頭腦得來的。

李　簡言之，就是靠知識學習來的。

橫尾　沒有錯。所以，當今觀念藝術的作品，並沒有靠身體在創作。全部都是用頭腦思考，用頭腦在創作。

李 對。看到那些作品，頭腦能夠理解，會想說：「哦，原來如此。」「哦，是這樣嗎？」我想這類作品還是有它們存在的理由，但絕對不會得到那種一記當頭棒喝的震撼感。

橫尾 不過，今天能從實際有在畫畫，有在創作立體作品的李先生口中，聽到這些分享，我實在非常高興，既有共鳴，又感動。如果您是一位學者或評論家的話，我就不會那麼信任您說的話了。

林布蘭的自畫像，看到人類整體的內在深處。

橫尾 舉例來說，林布蘭畫了很多自畫像，他不是老是在畫自己嗎？一開始是在畫自己的畫像，可是到了後來，他畫出來的，一會兒是國王的臉，一會兒是乞丐的，一會兒又是死刑行刑者的。他利用自己的形象，創作出不同人格，或者說不同的存有。

李 您說得眞好！我寫過一篇短文，標題就是〈林布蘭的自畫像〉。

橫尾 啊，眞的嗎？

李 文中我還有拿梵谷的自畫像來比較。

您剛剛提到林布蘭的自畫像，林布蘭眞的是借用自己的臉，來畫各式各樣的人，每次都不一樣。

他到了晚年遭遇那些打擊，又是宣告破產，又是面臨各式各樣的困頓，可是，若去看幾幅他晚年的自畫像，還是會覺得他畫得那麼有深度。那種深度彷彿是一個看盡人世一切的人，所帶有的那種深沉。畫中的人已經超越了林布蘭，存在著人類的某種超越性。

橫尾　確實如此。所以不是只有將表面畫成其他人物。

李　然而，梵谷的自畫像，就一直都是在畫他自己了。梵谷是一邊看著鏡子，一邊努力畫下自己原原本本的長相。感覺上，他是很認眞、很努力不懈、非常執著於實體地畫下他自己。結果我們看到他的自畫像時，就會感到一種不忍卒睹的悲慘。但是，畫中所感受到的痛苦，並不是人類內心深處的痛苦。純粹是一種精神病之類的……

橫尾　關於林布蘭和梵谷的自畫像，您在論述的是表面與內在的普遍性。眞有意思。

李　梵谷曾試圖成爲牧師，也寫過文章，他很認眞努力，拚命作畫，但最後畫出的，就只停留在實體性的自畫像上。梵谷的自畫像，怎麼看都只是他自己而已。可是林布蘭的自畫像，不只是林布蘭，感覺還能看到人類整體的內在深處。

橫尾　這是指梵谷是從自己本身開始畫起，到最後也沒有脫離自己本身的意思嗎？

李 一般來說，畫家不會將目光放在實物本身上面，而是會試圖透過實物，去看到背後所隱藏的東西，但梵谷卻是執著於梵谷自己。

橫尾 但林布蘭一開始是從自己本身畫起，然後持續不斷探究，那他最後抵達的境界是什麼？

李 不是林布蘭。

橫尾 把個人昇華至「個的境界」。

李 應該說是人類的靈魂會突破自我，進而抵達一種他者性或無名性。

橫尾 我自己說話時，會把「個人」和「個」當成兩種不同的概念。「個人」是指一個具有社會性，有其生活，由自我所建構起來的個體。「個」則是一種連繫到宇宙性、普遍性的一種類人類（Humanoid，似人非人之物）的個體。林布蘭最後不是抵達了「非個人」的境界嗎？這種就是我所說的「個」。我一直在思考「個人」和「個」的不同。想不到能用梵谷和林布蘭的比較來說明，我覺得非常有趣。

李 專注凝視梵谷的畫，會發現他很忠實地將實體呈現了出來，但就是梵谷而已。這是梵谷無法跨越的障礙。

今年春天，我到聖彼得堡的冬宮博物館（Hermitage Museum）去設置我的作品，我在那裡看到了林布蘭的自畫像。

那雖然是在畫林布蘭，但又不是林布蘭，是從自己入手，但又抵達了人類的普遍性。

橫尾 而且他是試圖用自己的臉，去畫出他人又或是一種宇宙性的存在，對吧？

李 沒錯沒錯，將自己當作他者來看待。我覺得眞的很厲害。

這不是輕易就能辦到的事。一般的畫家辦不到。

橫尾 我每次看他的畫都覺得很佩服，今天透過和梵谷的比較，讓我有更深的了解。

我每次看梵谷的畫，都是在看他的顏料，沒辦法深入內在，只有停留在表面的物質上（笑）。

李 對，不愧是使用了好的顏料吧。西奥（Theo，梵谷的弟弟。是他的贊助者，也是他的伯樂）只要一有錢，就會盡量買最新、最好的顏料來給他。所以即使到了現在，他的畫還像是兩、三個月前畫好的一樣，閃閃發光。

橫尾 沒錯，眞的是閃閃發光。看梵谷的畫時，我都會忍不住去看他那些濃稠的顏料。然後想說，「什麼嘛，不就是顏料嗎？」所以沒辦法深入去看背後的東西，只有停留在他的畫面上。

說不定他到最後也只是個畫匠而已。

李　或許吧。他用筆的方式確實很有趣，也有一種獨特的梵谷風格，其實也不錯，但就是缺乏一種內含，或說底蘊……我不太想這樣講，但就是在靈魂的部分上，他的畫完全沒有觸及。

橫尾　我猜應該有人對林布蘭說過「你怎麼都在畫自畫像」「你要不要畫畫其他的人物」。但他其實就是在畫其他人物。就像李先生昨天畫的畫和今天畫的畫，都是不同的畫。

李　是啊。外型上十分相似，但還是得從中發現出一些不同。

橫尾　所以，被人說「只要畫某個什麼，就是李禹煥了」，聽了應該很不舒服吧？

李　哎呀，那當然是非常不舒服。

橫尾　聽了您剛才的分享，我現在知道了，您是以林布蘭爲目標吧（笑）？

李　哎呀，不過那可眞是非常困難的境界啊（笑）。是的。

橫尾　那眞的要請您長命百歲，才能讓我們看到更多不同的作品了。

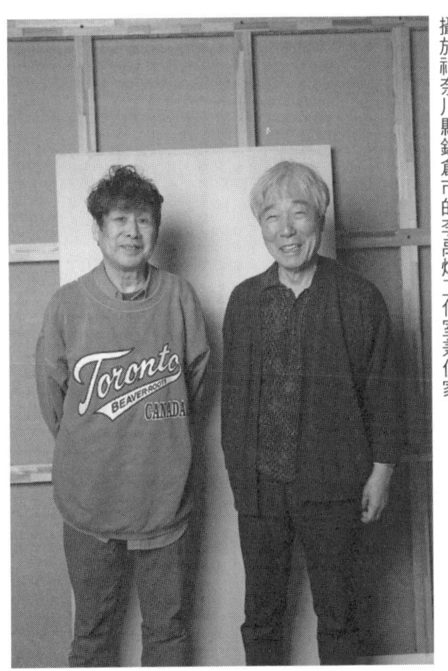

二〇一六年十一月二十八日
攝於神奈川縣鎌倉市的李禹煥工作室兼住家

佐藤愛子

Aiko Sato

94歲

欲望和野心都會隨著年齡增長而衰退。
老人家也該在這個層面上，為死後做準備。

小說家

1923年生，小說家佐藤紅綠與女演員三笠万里子的次女。
詩人佐藤八郎和編劇大垣肇，是其同父異母的哥哥。
甲南高等女學校（現今的甲南女子高等學校）畢業。
對戰後的世間亂象提出嚴厲的批判，
因此有一段時期和父親一樣被稱為「憤怒的作家」，還有「男性評論家」之稱。
除小說外，撰寫了不少以幽默口吻描述身邊人事物的散文。
費時十多年，撰寫長篇小說《血脈》，描述以父親佐藤紅綠為始，代代相傳至自己與佐藤八郎等異母兄弟，乃至子孫輩身上的「佐藤一族的瘋狂血脈」。
該書於2000年獲頒菊池寬獎。
近年也寫下了不少與自身靈異經驗有關的著作。
獲頒許多獎項與獎章，包括2015年的紫式部文學獎、2017年的旭日小綬章。

年輕時，還是得要有欲望和野心。
欲望會在有生之年逐漸得到淨化。
所以我們需要經歷老年，
不能在年輕時就死去。

健康的祕訣在於任性而為，不做不想做的事。

橫尾　謝謝您今天特地前來接受訪談。

話說回來，您看起來眞年輕。若不是知道您的年齡，還眞想像不出已經九十三歲（二〇一六年十二月對談時）了。

昨天，我爲了展覽的開幕儀式，去了神戶一趟，有很多當年的同學都來了。

我今年八十歲，所以同學們全都是八十歲，其中也有女性，但您看起來比她們年輕多了。不管和哪個同學比，都是您比較年輕。

請問您保持年輕的祕訣是什麼？

佐藤　因爲我都任性而爲（笑）。

橫尾　（笑）。果然是這樣。看來這是最重要的一點。

佐藤　沒錯。就是不做不想做的事（笑）。

橫尾　眞好（笑）。

今天，我把您的著作中我讀過的都帶來了。

佐藤　哇，竟然看過這麼多本。

橫尾　文庫本（譯註：日本一種圖書出版形式，一種預計有大量讀者購買的小型平裝叢書。通常最新的文學小說會先以精裝版出版，隔一段時間再出版體積小，價格也較便宜的文庫本）的話，我看過的更多。我是從佐藤女士開始寫書的年齡，就有在閱讀您的書，然後五十歲、六十歲、七十歲，隨著年代一路讀來。

佐藤　原來是這樣啊。

哎呀，我到八十幾歲爲止，都對自己的年齡沒啥感覺，但是九十歲後，身體眞的衰老了。

橫尾　九十歲以後才開始嗎？

佐藤　對啊，九十歲以後。

橫尾　那還眞晚呢（笑）。

佐藤　是嗎？八十幾歲時，我都覺得自己是六、七十歲。

橫尾　哦，那還眞是厲害。

佐藤　九十歲就沒辦法了。

橫尾　我迎接六十歲的花甲之年時，周圍的人一直拱我辦六十大壽，但我一點進入花甲之年的感覺都沒有，反而回絕他們說：「你們這樣很沒禮貌。」

但是，滿七十歲時，我罹患了帶狀皰疹和顏面神經麻痺。剛好七十歲那一年。

佐藤　那應該很痛吧？聽說很痛。

橫尾　是的，很痛。那時，原本兜不在一起的身體年齡和心靈年齡，第一次合而爲一了。撇開身體狀況不談，在心情上，我一直覺得自己像是十幾二十歲那麼年輕。可是，就在那時候心情上第一次，而且是一口氣追上了身體年齡。

佐藤　大概十五年前，我在婚禮（二〇〇五年，畫家神津善之介的婚禮。神津善之介的父親是神津善行，母親是中村Meiko）上認識您，那時您幾歲？六十五歲左右？我那時還以爲您一定單身呢。後來聽您提到令郎的時候，我打從心底嚇了一大跳，我想說：「什麼！連兒子都生了？」

橫尾　那時候，我太太就在我旁邊。

佐藤　對啊。所以我心想，我對尊夫人實在太失禮了。

橫尾　但聽您這麼說，還眞開心呢。

佐藤　當時您眞的給我單身的感覺。

橫尾　眞的嗎？那是我缺乏生活感吧。

佐藤　是啊，活得自由自在。活得自由自在的人，就是會有種不太一樣的感覺呢。我實在很難想像您有兒子。就連現在都是。

橫尾 我兒子就快六十了。可是，有種「不好意思，騙了大家」的感覺（笑）。

上了年紀有愈來愈多不方便的地方，其實很不輕鬆。

橫尾 我去年罹患耳中風，從此之後，我就聽不清楚別人說的話了。

佐藤 我懂。這兩、三年我也是這樣。不是有些口齒不清的人嗎？咬字不清不楚，說起話來含糊不清。

橫尾 是啊。還有說話很快的人。

佐藤 沒錯沒錯，還有說話很快的人。

橫尾 再來就是，說話很深奧的人，又更聽不懂了。

佐藤 是啊，有時候不是咬字，而是內容聽不懂（笑）。

橫尾 正是如此。有一天我看到姜尚中先生在電視上談話。

佐藤 喔、喔、喔，我知道他。

橫尾 他不是會輕聲細語、慢慢說話嗎？所以，只有他的聲音，我可以聽得很清楚，其他播報員，雖然說話大聲又字正腔圓，但我反而聽不清楚。

佐藤 因爲他們說話很快吧。

橫尾 就是這樣。可是最近，連姜先生的聲音，我都漸漸聽不清楚了。現在只剩下一個人，能讓我清楚聽見他在說什麼。您知道是誰嗎？就是天皇陛下（譯註：指平成的明仁天皇）。

佐藤 （笑）。因爲他說話慢條斯理。

橫尾 沒有錯（笑）。只有天皇陛下說的話，我可以聽得清清楚楚。

佐藤 確實，我懂。

橫尾 所以現在我的感覺變成，我需要聽的只有陛下說的話、陛下的聲音，剩下的人民的聲音就不用管了（笑）。

佐藤 （笑）。可是還是會有許多不方便呢。因爲一直問「什麼、什麼」，對別人也很不好意思。所以，我都會不懂裝懂，可是這麼一來，談話內容又會變得愈來愈複雜（笑）。

橫尾 就是說啊。一直問人家「啥、啥」也很過意不去，所以我也會像您一樣，一邊傻笑一邊裝作有在聽。但事實上，只能聽懂片段片段的內容。

佐藤 就是說嘛。所以，對方露出笑容時，我就會想說，「啊，這裡是該笑的地方。」然後跟著對方一起笑

（笑）。

橫尾　只不過，在類似多人會議的場合，有時話題進行到一半時，大家會突然不約而同地大笑出來。那種狀況最難受了。

佐藤　啊，自己一個人被排除在外的感覺嗎？

橫尾　正是。感覺就像一頭怪獸出現，全場譁然，只有我一個人搞不懂狀況，不懂哪裡好笑。無可奈何之下，我只好繃著臉，正襟危坐，但這麼一來，又會擔心別人會不會想說：「我們說的話太蠢，結果讓橫尾先生懶得理我們。」

佐藤　我懂，有很多不方便的地方。上了年紀眞的愈來愈不輕鬆。逐漸走向死亡很不輕鬆。我最討厭讓人家覺得我是一板一眼的人，但這種時候，就是會被別人覺得一板一眼。

因為對活著有執著，所以一直很害怕死亡。

橫尾　現在問好像有點遲，請問我可以稱呼您「佐藤女士」嗎？

佐藤　可以可以，當然可以。

橫尾　本來應該稱呼您佐藤老師（譯註：日本習慣以「老師」稱呼作家）的。

佐藤　別介意，我是說眞的。

橫尾　這個對談是由我進行採訪，向比我年長而且正在進行創作的各界人士討教。我也八十歲了，所以受訪者都是八十歲以上的人。就算只是八十一歲、八十二歲，對我來說仍是未來的年齡。所以，我是在跟比我未來的前輩見面，請教前輩們的未來觀。

佐藤　我沒有想過未來觀之類的艱深議題。

橫尾　一點都不艱深。可能是說成未來觀有點誇張吧？

佐藤　簡言之，未來就是指逐漸走向死亡，對吧？

橫尾　沒有錯。因爲我也已經八十歲了，最後的終點只剩下死亡而已。所以每天都在向「死亡」邁進，隨著年齡增長，也離死亡愈來愈靠近。可是我採訪的前輩，說來意外，他們都對死亡不太在意，這點十分有趣。

佐藤　想再多也沒用。該發生的就是會發生。沒有人不會死。因爲大家都會死，所以也無可奈何……大概是這種感覺吧。

橫尾　我在即將邁入三十歲時起，就開始對死亡這件事大感興趣。作畫時，如果作品沒有散發出一點死亡的氣息，我就覺得不夠好。所以老是在畫有關死亡的作品，三十二歲第一次出版的作品集，書名就是《橫尾忠則遺作集》（學藝書林）。後來繪製了自己上吊自殺的作品，又在報上發出自己的訃聞，年紀輕輕就拚命往自己身上塗抹死亡的色彩。當時我想說，既然死亡是自己害怕的對象，那就乾脆讓自己變成自己害怕的對象，這麼一來，或許就不會恐懼了。

佐藤 您那時有這麼害怕嗎？是不是因爲不知道死後會怎麼樣？覺得自己的存在消失很可怕嗎？

橫尾 或許吧。其實更早之前的兒童時期，才是我眞正感到害怕的時期。我是橫尾家收養的養子，收養我時，養父養母都快要六十歲了。所以我知道，我的父母會比其他同學的父母更早走，其實那時不是害怕自己死，而是恐懼父母會比我先走。

佐藤 令尊令堂是在您幾歲過世的？

橫尾 呃……家父是在我二十四歲，五、六年後家母也過世了。我一直都在思考死亡的事，但現實中對於雙親已經過世的事，則是漸漸沒有那麼害怕了。

佐藤 所以是對自己的死也會感到害怕嗎？

橫尾 家父和家母死後，有逐漸感到害怕。

另外就是，完全接不到工作的時候，倒是一點都不害怕，但開始接到工作後，反而會慢慢開始感到不想失去現在的工作。那時對於自己的這種心情，也愈來愈感到害怕。

佐藤 這會不會是一種對現世的執著？

橫尾 應該是想要活久一點，做更多工作的執念吧。想要持續這種有工作的狀態。

佐藤 原來如此，原來還有像這樣的狀況。

橫尾 到了現在這年紀，過去那種執著、心願，都成了麻煩的包袱，所以反而想要趕快去到死亡的那一側，從那裡眺望活著的這一側。

靈界是有階層的。在人世間如何生活，會決定去到靈界的哪個階層。

佐藤 我雖然有想過，或許死了比較輕鬆，但我不會想死。我覺得，不想死倒不是對活著的執著，而是對未知世界的恐懼。

橫尾 伴隨著死亡而來的肉體上的痛苦，眞的很可怕。因爲我接受也肯定死亡，所以對死亡這個觀念，沒有什麼恐懼。

佐藤 您是因爲相信有死後世界，所以不害怕，還是覺得死亡就是變成空無一物，所以不害怕？

橫尾　我不相信死後就會變成空無一物，所以我完全不怕空無一物這回事。如果死了，那也沒關係，因爲會到另一個世界，雖然那裡跟人間不一樣，但這麼一來就存在著探索未知的樂趣。再說，我想，在那裡應該會見到自己的父母、朋友，或許外型不同，但我認爲那裡就是人世的延續。從這個角度來看，就會覺得死後反而更值得期待。

佐藤　可是，人類不是具有某種頻率嗎？頻率不是有高有低？死後，頻率高的人都會到某個階層，和頻率高的人在一起；頻率低的人會到另一個階層，跟頻率低的人在一起。如果是這樣，那不就不一定見得到那些人了？

橫尾　所以，還是得趁在世時多多磨鍊，在人世間把自己的頻率提高一點。

佐藤　提高？

橫尾　對，我們現在活著，應該就是爲了提高頻率吧？

佐藤　可是，往生者中，或許有人在頻率低的階層啊。

橫尾　但是，要從頻率高的階層往下降，應該不是那麼難。跟從低的階層往上爬比起來。

佐藤　眞的嗎？

橫尾　雖說在人世間的上下關係是取決於社會階層，但畢竟在那個世界，看的不是社會階層而是靈性階層。

佐藤　原來如此，確實。聽說，死後會先前往冥界。在那裡會有一段學習時期，讓我們提高頻率，以到達更高的階層。在那裡學習的是，修正所有的欲望。學習結束後，就能提高頻率，進入靈界，但我完全搞不懂，沒有肉體的靈魂要怎麼學習。可是不知爲何，我就是相信這個說法。

橫尾　頻率不是沒有名次排行嗎？我想，在那裡會產生親和作用。就像是物以類聚，同等頻率的人都會待在同一個階層。所以，即使是眞的很想見面的人，如果對方是待在不同階層，或許那種感覺會自然而然地變淡吧？我想，在頻率的作用下，人世間的友情、親情等的價值觀，也在那個世界失去作用。但互相之間大概也不會發生爭執，只是頻率相同，雙方就比較容易產生共鳴吧。

不過，肉體的記憶或許會保留一段時間。

佐藤　當一個存有，最後只剩被淨化過後的念頭，不知道會變成什麼樣子？不知道會是什麼形態？或許是因爲我們生活在三維世界，才會抱有這種疑惑。這或許就是我們的極限，或者說我們的淺薄之處吧。總覺得似懂非懂。但死後就有可能知道，所以我會想說那就等到那時候吧。想法頓時變得很幼稚，我是說我。

橫尾　您所說的念頭，指的不是類似心靈的東西？

佐藤　在這個三維的世界裡，我們若有什麼願望，就要付出相對的努力，但是聽說在另一個世界，比方說，今天我的願望是畫畫，就會立刻出現顏料和畫布。

橫尾　啊，您是指那個念頭啊。就是想到什麼，都會立刻引起物質現象，化爲現實。

佐藤　沒錯。立刻化爲現實。

橫尾　但我覺得，即使在這個現實世界裡，平常的生活中，潛意識也會利用這種念頭，產生心想事成的效果。

佐藤　可是在現實世界裡，想要心想事成，沒那麼簡單。如果我想要得到畫布，得到顏料的話，就必須工作賺錢，沒有錢的話就買不到那些東西了，不是嗎？

橫尾　雖然是這樣，但您是說心想事成的作用，對吧？可是，在現實世界中，自己在潛意識中尋求的東西，雖然不能像魔法一樣，腦中怎麼想，眼前就立刻變成什麼樣子，但我們的心願卻有可能在過了一段時間後實現。您應該也有過自己想要的事物自己找上門來的經驗吧？

佐藤　自己找上門來？

橫尾　也就是說，不用付出什麼努力，只要有這個想法，就會在不知不覺中出現。比方說，我一直很想念的某個人，某天自己來到我身邊，或者一直想要的某個東西，自己送上門。不是有一種把念頭化爲物質的法則嗎？

佐藤 我比較沒有（那一類的經驗）呢。

橫尾 不會的。您一定也有在日常生活中，經歷過把念頭化爲物質的法則。

佐藤 那只會發生在與眾不同的人身上啦。

橫尾 您這麼堅持可就傷腦筋了。其實不必透過魔法、心電感應之類的超自然管道，這種事情也會在日常生活中發生。

佐藤 心有靈犀，對吧？

橫尾 此刻我在這裡，是因爲我過去先有了這個念頭，念頭帶來結果，才讓我存在這裡，對吧？

佐藤 啊，對對對。這個我懂。

橫尾 所以，到了死後的世界，因爲沒了肉體，所以我們就會變成只剩下更輕盈的念頭而已。因爲念頭本身會變得非常明確，所以我覺得死後的世界是實想的世界。

佐藤 因爲我們的世界有肉體的存在，所以是物質的世界。死後則是靈魂的世界，所以只剩下念頭就行了。

橫尾　從這個角度來說，當我們到了死後的世界……

佐藤　簡言之，就是會變得很輕鬆吧？在死後的世界。

橫尾　不需要付出努力。

佐藤　沒有欲望就不需要努力的意思嗎？

橫尾　或許我們會因爲在人世間不夠努力，因此到了死後世界，便在親和作用的影響下，前往頻率低的地方，不過，在人世間努力與否，不是會決定我們在死後世界的階層嗎？啊，說成「努力」或許不太恰當。

只不過，到了死後世界，自己究竟身處在哪裡，可能會因爲沒有比較的對象而搞不清楚。因爲都是和同樣頻率的人聚在一起，所以無從比較。就像過去的學校，班上的同學並沒有優劣之分。這麼說起來，很像是現在學校的分班制度，因爲程度相同的人，都會被聚在一起。

只要當作自己一腳已踏入死後世界，真的死亡時，就不會手足無措。

佐藤　不知道前往哪個階層，是由誰決定的？是由靈魂本身的念頭決定的嗎？

橫尾　應該是由自己的靈魂，自己的靈性決定吧。比方說，耶穌、佛陀，或日本的天照大神

（譯註：日本神話中的太陽女神）、須佐之男命（譯註：日本神話中曾斬殺八岐大蛇的神祇），都算是神吧？這些神都是曾有過肉體，後來前往死後世界，到了死後世界才化爲神的。另外還有開天闢地的神明，或許開天闢地的神明並非宇宙的法則。而是在各種不同的情況下，有各種不同的神明吧？

佐藤　有一種說法是，另外有天界的存在。我曾經聽說，在天界也有階層。

橫尾　既有西洋的神明，又有日本的神明、印度的神明、佛教的阿彌陀佛、觀音菩薩，還有天神、自然神，數也數不盡。各式各樣的神明都有，祂們應該是哪裡有需要，就能出現在那裡，也能同時和多人溝通。

這也是因爲在神明的世界裡有分階級的緣故。

佐藤　我曾聽說，像是氏神（譯註：居住於同一聚落、地區的居民，共同祭祀的日本神道神祇）啦、一宮（譯註：指某個地區中層級高的神社）啦，都有分階級，階級愈高，維度就愈高，一直往上到八維、九維、十維，而且不知道還可以繼續到多高。

橫尾　應該有分吧，我覺得神明也是有分階級的。

所以，到了死後世界時，就只能生活在自己所屬的階級範圍內。我想，那個世界是當你覺得「這個地方有點奇怪，跟自己眞是合不來」的瞬間，就會向上升級。

所以，只要滿足於所處之處，那個人就會因爲感到舒適自在，而相信那裡是西方極樂世界或天國。因此自我滿足的人，就永遠不可能向上爬。這個道理在人世間也是相通的，而且說不定還有可能不升反降。

佐藤 聽說，在冥界的修行結束後，就會升至靈界，但是靠什麼來決定修行何時結束？

橫尾 到了死後世界，修行應該不是強制性的，而是自願性的。就像在人世間，也會有不修行的人，到了死後世界，如果是安於現狀，會輕易說出「這樣就夠好了」的人，便很難再向上爬，本人應該也不會感到有向上爬的必要。

佐藤 可是，我會想說，如果當事人都覺得那樣就好，那不就好了嗎？即使如此，我們還是得不斷往上爬嗎？

橫尾 我想，這是由每個人自行決定的事，就跟人世間的規則一樣。一個人只要覺得這樣就夠了，他就會在自我滿足的世界裡。還有些人會覺得那個自我滿足的世界，就是天國或極樂世界。反之，對那個世界感到不滿的人，就會爲繼續向上而努力。就跟工作、學問一樣。或者，也許那裡會給我們一個專門修行的地方，或出現指導人。所以，在那裡怠忽修行的話，就會自以爲是地認定那裡就是天國，接著就有可能在不知不覺中，不停下墜。我想，要這樣不停下墜很容易，但應該不會有人能輕輕鬆鬆地往上飛吧。

所以，在人世間得到的結果，就會被當成死後世界的答案。

佐藤 確實很像是這樣。

橫尾 對吧？所以，趁著我們在這裡（人世）的時候，把自己當作一腳已踏入死後世界，而不停向上精進的人，到了死後世界時，或許就不必那麼手足無措了。我認為，死後世界和我們的人世，是相同的。

欲望會在有生之年逐漸淨化，所以不能在年輕時死去。

佐藤 活在這個三維世界裡的人，因為有肉體，所以會產生欲望，會產生煩惱。死後因為肉體消失了，所以煩惱也會慢慢消失。這麼一來，自然能慢慢得到淨化，但人世對靈魂的汙染太深厚，恐怕不修行就無法去除吧。

橫尾 只不過，就算到了死後世界，如果對人世仍有所眷戀的話，大概就會繼續留在人世。比方說，留下孩子過世的人。

佐藤 您是指擔心、憎恨之類的吧。

橫尾 因為社會地位、社會價值觀，在死後世界中起不了作用，所以對那些東西還有眷戀的人，即使死了，應該仍會保有那些煩惱，就跟在人世間一樣。

佐藤　所以，雖然活在人世間，心靈上的修行很重要，但只要還活在世上，就無法去除那些汙染。

橫尾　年輕時，還是得要有欲望、心願或野心。說不定一開始本來就該滿懷欲望、野心，並將它們當作動能，完全燃燒，徹底用盡，於是，所有的欲望和野心便會隨著年齡增長逐漸清空。或許所謂的上年紀，爲的就是這個。人是爲了將煩惱消化掉，才需要有老年時期的吧。

佐藤　是啊。欲望和野心都會隨著年齡增長，愈來愈衰退，感情也會消失。我想，老人家最好不要一味追求快樂，也可以在這方面爲死後做準備。

不可安樂死，維生治療也是多餘的。

橫尾　橋田壽賀子女士曾在文學雜誌《文藝春秋》中說：「我想要用安樂死的方式離開人世。」

我個人覺得，不能這麼做。安樂死是在自己的業障還未消除前，就自行結束生命的行爲。從某個層面來說，死亡就是在清除最大的業障。在跨越那個業障之前，就自行結束生命，不是很接近自殺行爲嗎？

佐藤　自殺是最要不得的事。我覺得自殺是對神的背叛。

橫尾　不過，如果是像三島（由紀夫）先生一樣，爲了信念而死的人，雖然是自殺，卻非逃避，所以我想那種死法又不一樣。

佐藤　也就是所謂的武士之死（譯註：指切腹。在日本過去的武士文化中，切腹是一件有尊嚴的事。三島由紀夫最後也是切腹自殺）。在各種死法中，也有這樣的死法。

橫尾　但安樂死是一種逃避行爲。

佐藤　因爲不想受苦，才要別人將自己安樂死的吧？

橫尾　我想，她是因爲不想忍受肉體的痛苦。死的時候，我當然也希望是趁著沒有知覺的時候，毫無痛苦地死去，但是由自己提出「讓我死吧」的要求，那就怪怪的了。

佐藤　任誰都不會想在痛苦中死去，但這是無可奈何的啊。死亡一定是痛苦的。就算某個人的親人說他「安詳地離開了」，到底安不安詳，也只有本人知道。所以對「死亡就是痛苦的」這件事，一定要有所覺悟。「撐過去了，就能得到安詳」，我們只能一邊忍耐一邊這樣告訴自己。現在反倒是，因爲科學日新月異，醫療愈來愈進步，而連治不好的病人，都有可能硬是讓他們活下來。我覺得這種行爲應該要停止。您知道胃造口術吧？就是從腹部穿孔至胃中，直接將食物送進胃裡，讓病患活下來的方式。

橫尾 哦，現在還有這種做法啊？

佐藤 對。說流行可能怪怪的，但現在很多人這麼做。

橫尾 那本人還有意識嗎？

佐藤 應該是周圍的人決定要這麼做的例子比較多吧？可能是出於想讓家人、親屬再活久一點的心情。

橫尾 可是，這對本人來說應該很痛苦吧？不知道他們把那條命當成是誰的了。從某個角度來看，當科學太過進步時，人類也有可能成爲犧牲品。就像是變成醫學的實驗材料一樣。因爲醫生是以唯物主義的角度在看待人類。所以，在無視人倫的狀況下追求純科學，是很危險的。

佐藤 不知道病人是否眞的失去心智無法自行選擇了，也不知道病人是否感到痛苦。如果在這樣的狀態下，只是不想讓病人死，而進行各種救治，其實很殘酷。

橫尾 過去大家都是回到自己的家中死去。但這個時代，大家都是死在醫院裡。在醫院的話，每個人最終都很有可能進入需要胃造口的狀態吧？

佐藤 可是，胃造口也可以在自己家中灌食。由家人把泥狀的食物、具有養分的食物，倒入連接到胃的胃造口管子裡就行了。

橫尾 那樣應該是當事人只有肉體還活著，卻沒有意識的狀態吧？那樣跟死了有什麼分別？

佐藤 就是說啊，我討厭把人類當成物品看待。

橫尾 家父過世時，是很接近自然死的。家母則是帶著痛苦在醫院過世的。但這種事還是得事先跟家人表明，告訴家人不要替自己做那些多餘的救治。

佐藤 我覺得，對人類而言，有尊嚴的死不一定要安詳，但一定是自然斷氣的。現在的醫生是不是怕被人說，「有醫療方法卻不用，就是怠忽職守」，才會建議家人那麼做？

雖然發明出了胃造口術，但我覺得，應該也有棄而不用的選項才對。現在已經進入無視神靈的迷信科學的時代了。

橫尾 是啊。人明明是在不便之中，才能發揮想像力，科學再這樣進化下去，人類就要滅亡了。推動科學進步的核心知識，其實都是來自於把研究科學當成純粹的藝術追求，而得到的結果，之後才有人想說，那就拿來實踐看看。日本就是因爲這樣，才會被投下兩枚原子彈的。

人世的善惡，在死後世界不一定通用。

橫尾　我不會想要自己縮短壽命，早點死亡，也不會想要延長壽命，活得更長。接受命運的安排，順其自然地死去，是最接近自然的死法，我覺得這樣比較好。所以，就某個角度來說，我覺得聽天由命地死去，是最好的死法。

佐藤　但醫學的進步，讓這種死法變得愈來愈難達成了。

橫尾　跳回前面的話題，知道自己死後會到哪個階層，對我來說，也是一件令人期待的事。自己想見的人，層級比自己高的話，不管我再怎麼喊叫，也見不到對方，但是對方如果看在情分上，願意見見我的話，就可以主動來見我。我會像這樣把死後世界當成奇幻故事去想像。光是這麼做，也能讓我對死感到不那麼害怕。

佐藤　自己想見的人，從上面主動來見自己。

橫尾　從上面降下來。那時候就能見到面。可是，我們只能邀他們下次再來，沒辦法自己過去。自己主動去看別人的能力，我想在人世間修行，會比在死後世界修行來得容易。經歷過死亡到了冥界，因為沒有肉體，所以要修行應該很困難，可是只要有上進心，也不是不可能的事。

佐藤　我也這麼覺得。只是不曉得，靈魂的修行具體來說究竟是什麼。但不知道也是理所當然的。

關於死後世界，我聽過各式各樣的說法，但頂多都只讓人覺得似乎是這麼回事而已。雖然不知道其他人怎麼想，不過既然自己覺得這是對的，也就只好當作是那麼回事了。我曾詢問過，死後世界是以什麼樣的形式修行，那個領域的高人告訴我的是「大自然的法則、欲望的修正、從物質意識轉換至精神意識」，但光聽這些還是覺得虛無縹緲，也不知道到底是在什麼場所，由什麼人（又或是靈魂）指導。結果只能根據自己是否信任回答者的人格，來選擇相信什麼，不相信什麼。像我這種人就只能這樣。天國是存在的，地獄也是存在的。我聽人家說，地獄也有階層之分，最下層是伸手不見五指的黑暗世界。聽到後，就會加以想像，進而被說服。

有人還一副親眼看過的樣子，告訴我說，有很多和尚和神職人員都在地獄裡，但我聽了覺得滿合理的，滿能說服我的。

橫尾　您是說，神職人員、政治家、地位高的掌權者，全都落入了地獄？

佐藤　理由是神職人員會假借神的名義，中飽私囊、沽名釣譽，爲自己贏得各式各樣的事物。聽到這樣的說法，我就覺得滿可信的。

當然，這不是說所有的和尚、神職人員都會落入地獄。

橫尾　一個人如果心口不一的話，就會落入那種地方呢。生前的行爲還是會被一一查核的。

佐藤　還有自殺的人，好像都得先去一趟地獄。

橫尾　我想也是。不管什麼理由，自殺就是不對啊。

佐藤　因爲自殺是自己擅自斷送上天賜予的生命，所以才會受到懲罰吧？

橫尾　是啊。生命是我們向上天借來的。

佐藤　但是在那裡會根據每個人的心態不同，而有人能漸漸往上爬。

橫尾　反省能讓人提升等級。可是，在那裡，應該也有不是加害人，明明是被害人卻墜入地獄的情況吧。

佐藤　那是因爲抱著被殺的怨恨吧？

橫尾　畢竟殺人的人，也有可能是在某種必然性之下，非殺對方不可。

佐藤　還有一種可能是，本人認爲他是爲了公理正義而殺人的。所以說，去哪個階層是根據自己的念頭，而不是上天的命令，對吧？最終還是根據當事人自己的念頭，而去到不同的階層。

橫尾　在那種情況下，兩邊的立場也有可能逆轉吧？這是無法以我們人世間的價值觀來判斷、理解的吧。

佐藤　確實如此。即使下了地獄，只要頻率提高，就有可能往上層去，對吧？

橫尾　人要根據這樣的想法活在世上，還眞是件困難的事。週刊雜誌上，不是每週都會報出很多醜聞嗎？我很喜歡看那些醜聞報導，所以每週都會買好幾本來看。從中你會看出佛教所說的因果報應和自業自得（譯註：指自作善惡之業而自受苦樂之果）的道理。比方說，有時會覺得「既然做了這種事，結果當然不言而喻」。其中也會有彷彿命中注定的緣分。醜聞是依循著自然法則發生的呢。什麼事會發生，就是會發生。

佐藤　我也有這種感覺。

橫尾　不過，無論做什麼事，都擺出一副「我是爲了別人」的姿態，以公理正義自居的人，到了死後世界，也有可能成爲僞善之人，而落入非常低層次的地方。

佐藤　所以，人世間的善惡，在死後世界不一定通用。

橫尾　是啊。這樣看起來，恐怕活著的世界是虛妄的，死後的世界才是眞實的。

佐藤　是不是？人世間的善，到了死後的世界，還能被看成是善嗎？惡也是如此。

橫尾　是啊。即使是做慈善，只要是沽名釣譽的行爲，就是不對吧。我想，要做慈善，還是得以積陰德的方式。世間的掌權者，不是會按照對自己有利的方式制定法律嗎？但死後世界的法律，是依循著大自然、大宇宙的法則。因爲是根據這種規則，所以跟人世間的法律完全不一樣。

佐藤 正是如此。

橫尾 所以，如果想在人世間套用死後世界的法則，就幾乎無法存活了。

佐藤 眞的會無法存活。

橫尾 是不是？那到底要怎麼辦哪？

佐藤 聽說，出生在世上的，原本都是那個世界裡的留級生。好像是因爲淨化的修行不足，所以才會來三維世界受一次苦。只要能向上進入靈界，就不會再輪迴轉世了。

橫尾 我想，像佐藤女士這樣的人，應該很容易去到最好的地方。我是讀了您的書才這麼說的。您能夠這麼暢所欲言，任性而爲，又不妥協，當然您也會爲他人付出，但前提是，您一定會忠實地實踐自己心中的想法。光是這樣的生活方式，就是一種修行了，所以層次一定很高。雖然感到困擾的可能是其他人（笑）。我要是到了死後世界，就算我想主動去拜訪您，只要您的層級比較高，我就去不了。所以，請您偶爾想起我。想想「橫尾先生不知過得如何？」（笑）。

佐藤 那我們就手牽手一起離開吧（笑）。

橫尾 手牽手去的話，應該會到同一個頻率的領域吧？話說回來，這樣的話題，我從來沒跟其他人談論過。

感覺讀者讀了我們的對談，恐怕會覺得這兩個人怪怪的，很靠不住。不過，我平常的目標就是，畫出讓一般人覺得靠不住的畫作，所以我是沒差（笑）。

看不見的世界比看得見的世界值得信賴。

佐藤　話說回來，您方才所提到的，大部分我也都有所耳聞，但那些想法究竟是打哪兒來的？畢竟我們在談的是肉眼看不見的世界啊。

橫尾　是啊。

佐藤　是不是？但我們聽了卻有一種好像能理解的感覺。最早告訴我們這些事的，不知究竟是誰？

橫尾　會有能夠理解的感覺，我想是因爲對自己而言，那是很重要的事。如果以這一世的時間長度來思考，就會變得無法理解，但如果把前世也拉進來看的話，前世的經驗、靈魂的經驗，會毫不懷疑地肯定那些說法，並且對自己的本性產生影響，所以我們才會對這些說法沒有懷疑。我既非從小就會聽到父母對我說這些事，也沒有聽和尚跟我說過這些。但就是會自然而然地覺得「正是如此」，或說是內心深處有一種「早就知道」的感覺。

佐藤 那剛才說的那些話題，是自然而然地出現在自己腦中，而且又百分之百相信的事嘍？

橫尾 與其說是腦中，不如說是來自身體的聲音。

佐藤 這眞是厲害呢。

橫尾 所以，我並非受到這一類的書籍影響，書籍比較像是佐證，幫助我確認。

佐藤 所以這是您自己思考出來的嘍？

橫尾 要說是思考出來，其實更像是感覺出來的。我從小時就經歷過一些不可思議的經驗，才讓剛剛說的那些生死觀化成了我的思想，或說化成了我的生活方式。

佐藤 您果然是一位與眾不同的人呢。

橫尾 看不見的世界，反而比看得見的世界值得信賴的感覺。我想，是那些我自幼累積的、無法隨便在人前述說的經驗，已經被我當成一種現實看待了。年紀大後，才讀了但丁、伊曼紐・史威登堡（Emanuel Swedenborg）、魯道夫・史代納（Rudolf Steiner）的著作，但感覺就像在透過內容，核對確認自己的經驗和感受。只有閱讀的當下是在確認，讀完就都忘記了，只有留下感覺性的經驗。

佐藤 哦，您是早就知道了。那就表示您是一位很與眾不同的人啊，橫尾先生。我得要合掌敬拜一下（笑）。

橫尾　我一點都不覺得自己有什麼特別。我只不過是，個性上容易被不可知的非物質性的事物吸引而已。所以，我跟講究邏輯性、科學性的知識性領域的人，有很多觀念不通的地方。但這是我的自我認同。脫離現實世界的另一個現實世界，反而更讓我有眞實感。

佐藤　您太謙虛了，我想這就表示您是一位與眾不同的人。像我的話，剛才談的那些生死觀，在某種程度上我是全部都能理解的，但那是因爲我在北海道替自己蓋房子時，經歷到各式各樣的超常現象。在那之後，我請教了許多人，這邊聽一點，那邊聽一點……

橫尾　可是，我跟您說，超常現象應該不是讀幾本書、請教幾個人、受過一點訓練，就能因爲那些知識而使超常現象發生的。而是自己本身就具有那些要素或因子，才會發生。在不具有那些要素、因子的人身上，就不會發生那些事，不是嗎？就跟剛才提到的頻率一樣。

佐藤　可是，還是有些人經常發生啊。那種人都見怪不怪了，不像我會大驚小怪的。

橫尾　經常發生的人，就是具有那些因子的人。我兒時經歷那些事的時候，完全不會去想說那是什麼超自然或超能力。那時候不像現在資訊這麼發達，所以我對那些事根本不了解，因爲我生長的環境，應該算是比較蠻荒、比較未開化的。

佐藤　普通人是不會因此就能自然而然理解的。

橫尾　哪兒的話，我只是在學校繪畫表現還不錯的普通人而已。只不過，我很討厭做學問，以前幾乎都不看書。

佐藤　您應該只是學個大概吧？我們的話，都會認眞讀書。讀過書才會理解。

橫尾　不過，我讀您的書，讀到已故的遠藤周作先生來看您的插曲時，就覺得這種現象果然是和書上的知識無關的。如果不是那個地方有人擁有那種能力，也不會吸引那樣的人前來吧。我第一次看見幽靈，大概是在家母過世兩、三年後，過世的家母突然來到我面前。隔了一段時間，類似的事又在其他地方發生。

佐藤　那時是只能看見，沒有交談嗎？

橫尾　當時是動彈不得的狀態，說不出話來，所以無法交談。我只有在腦中默念經文而已。

佐藤　當時您不是在睡覺，而是清醒狀態嗎？

橫尾　那是早上八、九點左右，我已經起床了。

佐藤　您不會覺得害怕嗎？

橫尾　因爲我知道家母已經過世，所以我直覺地想說：「這是幽靈！」知道是幽靈這件事非常可怕。所以，我不是覺得家母很可怕，而是覺得家母變成幽靈很可怕。畢竟那段時間我是動彈不得的狀態。所以會想說到底發生什麼事了。這種脫離現實的事，一直持續了七年左右。所以，看不見的世界和看得見的世界，在我心目中就變成毗鄰的兩個世界了。

死後世界也是平凡無奇的日常生活，活著的世界也是平凡無奇的日常生活，但是從死後世界的角度來看，活著的世界就有可能變成不平凡的非日常性的生活。因為我累積了不少這樣的經驗，所以閱讀了一些文學家寫的靈異怪談。閱讀您的書時，也讓我很有共鳴。

佐藤　沒有，我真的花了二十年的時間才接受那些事。那一段時間，真是整死我了。

與靈異現象的搏鬥，都是上天賦予的使命。

橫尾　您在北海道浦河的別墅裡發生的靈異現象、騷靈現象（Poltergeist），好像很嚇人的樣子。我沒有遇過那麼激烈的經驗。

佐藤　結果那是阿伊努族（譯註：又譯為愛奴族，指日本北方的原住民族群）的怨靈。「我們（阿伊努族）被蝦模（Shamo，指大和民族。阿伊努族對日本人的稱呼）害得好慘」的一種怨念。這個怨念後來是由來自神界（日本編輯部註：有一說認為，我們所存在的整個世界，是謂「天界」；

天界分爲「神界」「靈界」「幽界」「肉體世界」和「地獄」五大世界。神界在天界中位於最上層，人世則等同於由上而下數來第四層的肉體世界）的相曾誠治大師（註：相曾誠治是帶著使命，來自最上層的神界，在神界名爲「言向命」。詳細內容記載於佐藤愛子所著的《我的遺言》（私の遺言　新潮文庫）一書中）所平息，但我整整耗了二十年，才找到相曾大師。

我這個人做事冒冒失失的，所以貿然在偏僻的山腰上，買下一塊土地，爲自己蓋房子。我本來以爲，是因爲我思慮不周，才會碰上這種事，但實際上好像並非如此。

阿伊努族的怨念，是針對日本的，也就是針對整個國家的怨念。

據說，所有針對國家（日本）的怨念，都會加諸在天皇陛下身上。所有針對國家權力的怨念，都要由天皇陛下來承受。所以天皇陛下眞的很辛苦。

有一次，天皇陛下（當時是昭和天皇的時代）要前往美國，聽說還曾爲了要不要去珍珠港的問題而猶豫。天皇陛下若在那個時間點前往珍珠港，相曾大師推測天皇陛下一定會被在場的冤魂擊潰。也是基於這樣的推測，相曾大師才認爲，必須盡量設法除卻天皇陛下所背負的怨念，減輕其負擔，因此特地前來北海道。聽說天皇陛下背負的是戰火下的所有怨念，包括日本領土上唯一發生過陸戰的沖繩的怨念，乃至韓國的怨念。

相曾大師一聽說我在浦河遭遇的靈異現象，就徹底明白是怎麼回事，並覺得他非得來平息阿伊努族的怨念不可。

那時，相曾大師是八十五、六歲。

多虧相曾大師出手相助，他前來主持祭祀儀式後，靈異現象就完全平息了。相曾大師向阿伊努族的怨念謝罪，並對我說，我被賦予的使命，就是要寫下這件事讓現代人知道。所以，發生靈異現象，不是因爲我冒冒失失地在北海道蓋了房子，而是要透過我來讓怨念得到平息。

橫尾　也就是說，站在阿伊努族的冤魂的角度來看，他們是設下了圈套，等著您前去北海道，結果花了好長的時間，才讓計畫實現的嘍？

佐藤　正是如此。

橫尾　這麼說來，一定要透過人，才會產生和超自然事物之間的接觸。即使是神明，也得透過人平息怨念。所以一切都是以人爲媒介的。不過，既然冤魂得到平息，另一個世界對於這樣的結果應該也很滿意吧。

我們之所以出生在世上，此時此刻之所以置身此地，都是自己的選擇。

佐藤　我雖然沒有陰陽眼之類的體質，但我好像是來到這個世界上之前，答應了要完成這項任務。

橫尾 我覺得，沒有人是在非自願的偶然下，來到這個世界上的。每個人都是出自於自己靈魂的意願，選擇了這個人生，而來到世上的。

佐藤 對，好像是這樣。

橫尾 所以，也用不著抱怨「有那種父母眞是不幸」。因爲我們是自己的靈魂的選擇下，才會有現在的。我想，或許我們都有兩種不同的命運，一種是由自己開拓命運的主動式生活方式，另一種是接受命運的被動式生活方式。我一直以來，應該算是被動式地活到現在。每當我想積極地對抗命運時，就一定會生病或遭遇意外而受重傷。這個我自己知道。那時候，太過主張自己的自我，才會變成那樣。所以，我雖然優柔寡斷，但還是抱定主意以後都要順從命運、委身於命運。這樣活得比較輕鬆，只要做最少的努力，相當省能源（笑）。基本上，我會是這樣的人。當我靠自己努力得到了什麼的時候，相反地，就會產生負面結果把我所得的幾乎是一筆勾銷。不是生病，就是受傷。所以，最好的辦法就是安安分分地待著。

佐藤 但還是覺得，非得作畫不可。如此而已吧？

橫尾 作畫與其說是欲望，不如說是因爲想畫而畫，所以對我來說最健康。有時候，我不用去醫院接受醫生治療，只要畫畫就能讓疾病痊癒。

佐藤 我想也是。我懂。

橫尾 所以作畫很像是我的主治大夫，我經常去的醫院的院長，還對我說：「橫尾先生，你都自創疾病又自行痊癒，對我而言你眞是最沒有成就感的病人。」這位醫生說，是我的自然療癒力讓我痊癒的。

佐藤 原來如此。我懂（笑）。不過，我曾經向相曾大師等的人討教，而學習到的許多事情，大部分都跟您所說的吻合，所以這表示我學習到的東西是正確的吧。

橫尾 正不正確我是不知道啦。我所說的是透過我自己的體驗、感覺和直覺想像出來的，所以對我來說，這就是現實。

佐藤 但是能夠相互吻合，也很神奇吧？

橫尾 我相信輪迴轉世，沒有理由，就只是覺得理所當然。雖說如此，但我既不會想知道自己前世做了些什麼，也沒有興趣知道。

大家不是常說，人是不平等的嗎？有人大富大貴，有人天生麗質，各種層面的不平等，但我覺得，說不定從長遠的尺度來看，全部都是平等的。我們只是恰巧在一個橫切面上，只能看到「此處」，才會覺得不平等。所以，從更長遠的尺度來看，全部都是平等的，將最初產生靈魂的源流當成起跑點的話，我想，全部都是一聲令下開始起跑的。接著，才會根據每個人的心態或生活方式等等，而產生不平等。或者，有人輪迴次數多，有人輪迴次數少，從這樣的層面來看，我想，每個人都是平等的。可是，現今社會只要是沒有科學證據的事物，就會被當作「不存在」，所以才無法以那樣的角度去看待生命。

佐藤　正是如此。

橫尾　所以才會對不平等進行社會性的批判，或發起社會運動。從靈魂的層級來考慮，大家都是平等的。但從經濟上的層級來考慮，才認爲社會是不平等的。不過這麼說，變成在潑社會運動的冷水。大概會被他們罵說：「喂！你們是不是腦袋秀逗了？」可是（我的）繪畫就是在表現出那些不符合常理的地方。我想，我的本能並沒有追求得到大眾正常的理解和認識。今天的對談可能會讓人覺得，我們的腦袋眞的很有問題吧。但我覺得，藝術不必腦袋正常。因爲藝術不需要合乎道德性、邏輯性（笑）。

佐藤　（笑）。是啊。眞的很難得到大眾的理解。但這樣也無妨。不過，今天很高興有機會聽到您這一席話。

二〇一六年十二月十九日
攝於東京成城的橫尾忠則工作室

山田洋次

Yohji Yamada

86歲

每次都有遺憾之處，
而會希望自己在下次製作出更好的作品。

電影導演、編劇

1931年生。
東京大學法學院畢業後，先任職於報社，再以候補身分進入松竹電影公司。
曾擔任川島雄三、野村芳太郎的副導演。
1961年，發表首部導演作品《二樓的陌生人》（二階の他人）。
接著，推出平民劇，包括《男人真命苦》系列電影等。
獲得評論家、文化人的高度支持，獲得最多「電影旬報十佳獎」（譯註：日本電影雜誌《電影旬報》每年評選出的電影獎）的現職導演。
日本藝術院會員。財團法人岩崎知弘紀念事業團理事長。
獲頒許多獎項與獎章，包括2002年的旭日小綬章、2004年的文化勳章等。

想要製作的心情，
就像是一種欲望吧。
不帶著孩童般的好奇心，
便無法製作下去。

上了年紀後的作品，突然變得好有趣。

橫尾　我現在剛好八十歲。正在拜訪一些八十歲以上的前輩，向前輩們討教。主題是「創作」。創作能讓我變得健康，所以我想，或許創作與延年益壽也有所關連。我們看許多畫家都很長壽，例如，畢卡索、奇里訶、夏卡爾、米羅、達利，這些畫界巨擘都活到了八、九十歲，甚至到了令人疑惑爲何畫家如此長壽的地步。

山田　您不是說過，畫家即使手會發抖也沒關係，手會抖，那就邊抖邊畫就好了（笑）。

橫尾　對對對。奇里訶（喬治歐・德・奇里訶Giorgio de Chirico，一八八八～一九七八年，義大利的畫家、雕塑家，對後來的超現實主義影響甚鉅）是在九十歲過世的，他後期的畫作，突然變得好有趣。仔細一看，會發現他的線和點都會抖動。所以，比起年輕時期的畫作，多了一種難以言喻的韻味。這一點反而會變成對自己有利的地方。所以，您今後也可以盡量拍攝會抖動的電影（笑）。

山田　（笑）這個不錯。

橫尾　話說，電影的拍攝期間是兩個月左右吧？

山田　對，兩個月左右。

橫尾　這兩個月裡幾乎每天都會拍攝吧？

山田　不過，一星期會休息一次。

橫尾　一次是休息一天吧？每次開拍前，您都會說「這部電影不知道能不能拍到最後」，但結果每一部都拍到了最後。

山田　至今爲止都有拍到最後。託大家的福。

橫尾　是不是開始拍攝後，體力就復甦了？

山田　我也不知道。不過，至今爲止幾乎不曾有電影，因導演生病而中止拍攝，或暫停拍攝。不知道爲什麼。

橫尾　的確沒有聽說過。

山田　也很少聽說因爲導演過世，而無法完成的電影。

橫尾　演員的話有嗎？

山田　演員倒是有。所以，我總是會在要開拍時，自己告訴自己：「沒問題，我會好好活到最後一刻！」到了這年紀，我每次都會這樣想，雖然還是會有所不安。可是，現在在行程上，已經不會像拍攝《男人眞命苦》時一樣，強迫自己加班，大家也對我很體貼。我想就是因爲這樣，我到了這年紀，還一副能夠拍攝電影的樣子。

橫尾　電影創作是它的過程很有趣吧？一點一點逐漸完成的過程。比起演員，導演應該更有對過程樂在其中的感覺，或者說，更能真實感受到這個過程吧？我覺得，演員反而會對過程感到不安。會懷疑照自己的感覺演下去，是否ＯＫ。

山田　是啊，演員會搞不清楚吧。

橫尾　但導演搞得清楚。導演比演員更能體驗拍攝中的快感吧？所以不會感到疲累。

山田　畢竟由不同導演執導，演員就會呈現出不同的狀態。有的導演的做法是嚴加斥責，一整天下來反覆讓演員拍同一個鏡頭，最後甚至撂下一句：「今天不拍了！」黑澤明（一九一〇～一九九八年。以《羅生門》獲頒威尼斯影展金獅獎）應該就是這一型的導演。小津安二郎（一九〇三～一九六三年。代表作包括《東京物語》等）好像也很嚴苛。我猜，演員遇到那樣的導演，會有一種充實的成就感，但也有不是這樣的導演。

比方說，成瀨巳喜男（一九〇五～一九六九年。代表作包括《驟雨》等）就不會對演員很嚴苛，或者該說，不會讓演員演得很辛苦。聽說，他就是順順地把所有場景拍完，甚至會讓女演員們懷疑說：「咦？這樣就可以了嗎？已經結束了嗎？」雖然如此，但他的電影非常棒。並不是只有嚴加指導的演員，才能拍出好電影。

另一方面，以演員的角度來說，也不是能讓他們在拍戲過程中，抱著「我要把演技爆發出來！」的幹勁，才會成爲好電影。即使他們是在「這樣就可以了嗎？」的自我懷疑中殺青，有時也會意外地拍出好電影、好演技。電影就是這麼回事。

我每次都很期待看渥美清演戲。

橫尾　溝口健二先生（一八九八～一九五六年。以《雨月物語》獲頒威尼斯影展銀獅獎）應該很嚴格吧？

山田　溝口先生好像很嚴格。

橫尾　聽說，即使演員不知道該怎麼演時，也不能問導演該怎麼演。

山田　好像是呢。他什麼都不說，只是反覆不停地說著「不行、不行」。

橫尾　讓演員不知道哪裡該如何改進，這樣我覺得就有點苛刻了。

山田　有一次，有一個演員受不了了，忍不住問導演：「到底要怎麼演才行？」結果他回答：「我不是演員，我不知道。怎麼演是你要思考的問題。」

橫尾　哇，好恐怖。

山田　簡單來說就是「我會知道最終的好或不好，你們就是要演到我覺得好爲止」。我經常聽工作人員說，溝口先生除了「不行」什麼都不會說。他就是一直反覆說「不行、不行」，當他說「剛才的很好」，就表示完成了。他絕口不說「要這樣演、要那樣演」或「這裡是哪種心情，所以要怎麼演」之類的話。

橫尾　「我不是演員，我不知道」的說法，眞是將演員拒於門外呢。被這麼一說，還眞的會啞口無言。

山田　這樣說應該是在告訴對方「你自己好好去想」。

橫尾　客觀來看，會覺得這個導演很偷懶，但其實他的說法，也有他的道理。甚至讓人覺得，會不會像他那樣反而才是眞理。

山田　「那是你要思考的問題，你問我我也不知道。」只要這樣說就行了（笑）。我以後也來學學他那套說法好了，對我的祕書（笑）。

橫尾　渥美清（一九二八～一九九六年。在山田洋次的導演作品《男人眞命苦》中，飾演男主角車寅次郎、阿寅，而成爲日本家喻戶曉的人物）先生是一個什麼樣的演員？

山田　他總能演出我想要的樣子，或者超乎我預期，讓我想說：「啊，原來還可以這樣演。」所以我每次都很期待看他演戲。

橫尾　因爲您兩人一拍即合，才能那樣長久合作吧。

山田　應該是吧。

即使是巨星，只要沒有巨星光環，就能長壽。

山田　編劇橋本忍（一九一八～二〇一八年。代表作包括黑澤明的導演作品《羅生門》《七武士》等）先生曾經告訴過我關於黑澤（明）的事。聽說，黑澤先生和橋本先生兩人一起看了溝口先生的《近松物語》。看完後，因爲那部電影拍得太棒，兩人太過感動，而沉默了大約三十分鐘。因爲沉默了太久，橋本先生想說「不能再這樣沉默下去了」，便開口說：「這部大概是溝口先生的巔峰之作吧。」語畢，黑澤先生立刻答道：「不，西鶴更好。」西鶴是指溝口先生的《西鶴一代女》。

黑澤先生非常尊敬溝口先生呢。

我和黑澤先生聊天時，曾提到《紅鬍子》（譯註：黑澤明導演的電影）的戶外布景很了不起，我說：「那實在是超乎我所能想像的逼眞布景。」黑澤先生就說：「那個布景是花了不少工夫，但還是比不上溝口先生。」不管聊到什麼，黑澤先生都要扯到溝口先生，然後說那個人更棒。溝口先生明明就是只會說「不行」兩個字的導演（笑）。

橫尾 溝口先生是不是滿早就過世了？

山田 是啊。好像還不到六十歲（日本編輯部註：溝口健二導演在五十八歲時過世）。

橫尾 比小津先生還年輕時就過世了吧？

山田 比他年輕。年齡上，他比小津先生年長五歲左右。可能比黑澤先生年長超過十歲。

橫尾 那個時代的溝口先生、小津先生，是不是就像現在所謂的明星導演？

山田 完全是大明星啊。大概從五十歲起就是電影界巨擘了。

橫尾 安迪・沃荷（Andy Warhol，一九二八～一九八七年，美國畫家、版畫家、藝術家，普普藝術的開創者）曾經說過：「我一心以成爲巨星而努力，才好不容易成爲美術界的巨星。」但另外有人說：「擁有強大的巨星意識的人，會快速成爲巨星，但最多就只能到那裡了。」黑澤先生雖然是巨星，卻太過缺乏巨星意識，或者說完全沒有。他是在媒體和周圍的人吹捧下，被捧成巨星的。他本人並不覺得自己是巨星。我在猜，說不定畢卡索也是這種人，像這樣不執著於巨星光環的人，也許比較長壽。沃荷是自己非常想成爲巨星，而在五十幾歲時就過世了。

山田 啊，那麼年輕嗎？

橫尾 嗯，很年輕。出道沒多久就成了巨星。成了巨星後，他的每個行爲、發言，全都演繹出了巨星風範，以回應大眾期待。在美術界也有一個人，叫做博伊斯（約瑟夫・博伊斯Joseph Beuys，一九二一～一九八六年，德國現代美術家、雕塑家），他跟沃荷一樣，也是英年早逝。音樂家中，吉米・罕醉克斯（Jimi Hendrix）、約翰・藍儂、大衛・鮑伊（David Bowie）、王子（Prince）、麥可・傑克森也都屬於此類，幾乎所有超級巨星都是英年早逝。因爲他們抱持著強烈的巨星意識，所以一開始他們就將自己的感受能力，施展到極致，讓事業達到巔峰，但他們的創造能量也會因此枯竭。

反觀畢卡索的話，他雖然也是超級巨星，但我認爲，他本人並不在意這種事，或者說，他已經抵達一個超越超級巨星的境界了，所以才那麼長壽。

山田 原來如此。因爲想成爲巨星，因爲擁有成爲巨星的能量，所以才會成爲巨星。可是，感受能力在成爲巨星後就耗盡了。這麼一來，生命也會跟著走到盡頭。就是這個意思吧？

橫尾 搖滾樂的音樂家幾乎都是如此。愈是超級巨星，愈是英年早逝。

山田 伍迪・艾倫（Woody Allen，一九三五年～）那個人，雖然年紀不小了，但就很沒有巨星的架子。

橫尾 伍迪・艾倫雖然是巨星，但他本人可能沒有巨星意識。

山田 說不定沒有。

不用在處女作時一炮而紅，作品做到差不多就好。

橫尾　還有克林・伊斯威特（Clint Eastwood，一九三〇年～）。他雖然也是巨星，但滿長壽的。

山田　對啊。

橫尾　他和高倉健先生（一九三一～二〇一四年）年齡相仿，您是不是也同年？

山田　同年。所以他可以說是世上唯一一個和我同年，而且一直在工作崗位上奮鬥的人。

橫尾　如果他只當演員，沉溺在巨星意識裡，說不定他早就倒下了。但他是什麼時候開始當導演的？當導演的人，應該沒時間當巨星吧？

山田　啊，原來是這樣。

橫尾　導演很忙碌嗎？

山田　總是會對某個地方仍感到不滿意。

橫尾　或許這樣剛剛好吧？

山田　會想說下次要製作出更好的作品，的確是這樣呢。每次都有遺憾之處。話說回來，處女作就一炮而紅的導演，似乎都無法長久。

橫尾　而且壽命也不長。

山田　的確不長。

橫尾　因為作品一炮而紅，一夜之間就成了巨星。

山田　是啊。才三十歲左右，就成了巨星。那樣還是不太好吧。

橫尾　這麼一來，就必須維持相同的成就。那可要耗費不小的能量在世俗上。

山田　而且無論做出什麼，都會被拿來跟最初的作品比較。太痛苦了。所以我會對年輕的導演說，不用在處女作就一炮而紅，作品只要做到差不多就好。

橫尾　眞有趣。話說回來，演員雖然也可以試著創造出一些東西來，但作品到頭來都還是導演所形塑出來的創作物吧？

山田　是啊。

橫尾　所以，不管想做什麼，導演都可以自由發揮，那演員呢？

山田　只要導演說不行，演員就不能那樣做。

橫尾　嗯、嗯，因為演員是導演形塑出來的創作物嗎？

山田　即使自己不滿意，只要導演說ＯＫ，那就是ＯＫ。因為決定權不在演員自己手上。

倉庫裡儲藏著滿滿的靈感，沒有將其化為作品也無妨。

橫尾　您有沒有不必拍攝電影的休假時間？您是否會在休假時，準備下一部電影或舞台劇？

山田　這個嘛，畢竟幾十年來我都是過這樣的生活。這部拍完要拍那部電影，那部拍完又要幹麼幹麼……對我來說，好像一直都會像這樣有接下來的計畫。

橫尾　應該不只是電影吧。

山田　舞台劇只是偶一爲之，基本上每年都會拍一部電影，這樣的頻率到現在都沒有變過。拍完一部電影後，會有好幾個電影提案，然後會在某個時點，做出決定要拍哪一部。這一直是我爲自己出的功課，如果沒有這個功課的話，反而會渾身不自在吧。

橫尾　可是，您的腦中應該有很多部電影在待命吧？

山田　是啊，畢竟那可說是我的興趣，或說是樂趣，所以我會一直思考這些事。

橫尾　我常常聽您提起您的電影靈感。我想，現在您可能已經準備好下一部電影要拍什麼了，不過關於您跟我提到的那些靈感，到現在都還沒拍成作品，或者說您還沒有著手進行，對吧？您總是會先拍其他作品。

山田　是的，我的確會這樣。

橫尾　因爲您提到的內容很有意思，所以我一直期待能早日看到作品，但每次想說大概明年就能看到，到了明年，卻看到您投入別的電影。不過，這樣也能讓我一直保持期待就是了。其實有靈感，也不一定要化成作品吧？

山田　是啊，不一定會化成作品。這就像是在倉庫裡儲藏了好幾個靈感，隔一段時間，靈感放太久了，會愈來愈老舊，有時候會變得不能用，有時候在新的作品中加入過去的靈感，經過一、兩年後，反而變得更有趣。這件事或許已被我當成了我爲自己出的一項功課了吧。

橫尾　如果是我忽然沒有靈感的話，那都是我身體狀況非常差的時候。那種時候，我就會開始隨便畫，畫什麼都好。只要畫了一個點，腦中就會連鎖般的浮現出更多想法。這麼一來，我的精神就會突然好起來。

山田　「隨便畫，畫什麼都好」？可以打個比方嗎？

橫尾　就是開始在畫布上動筆隨便畫，不管是畫上一個點或一條線都好。奇妙的是，我會因爲隨手畫出的這個點，而開始浮現出其他想法。或是畫下一條線後，就從這條線開始延伸出其他想法。

畢卡索的父親原本也是畫家，但因爲兒子太有才華而退休。後來，兒子陷入了低潮，據說那時他父親告訴他，這時候把畫布整個塗黑就對了，如此一來就會浮現靈感了。我猜畢卡索應該有這麼做過。

山田　把畫布塗黑嗎？

橫尾　把畫布塗黑。白色對畫家來說，是一種強迫性思維。畫家會不由自主地認爲，眼前就是要有一塊全白的畫布。所以在畫布上塗上顏料、抹上顏色，顏色不一定要是黑的，紅的也可以。總之塗上顏色的時候，就會開始進入那個世界。這是一種身體反應。以我個人來說，如果不這麼做的話，我的身體就會開始出狀況。

山田　原來如此。上色的過程中，會有新的東西冒出來。

拍攝電影是一種宏偉的遊戲。連葉子要如何掉落，都能研究到廢寢忘食。

橫尾　畫畫的話，能這麼做，但電影的話，如果叫導演「隨便拍，拍什麼都好」，恐怕也辦不到吧。

山田　對啊、對啊，的確沒辦法這樣。最重要的是拍電影很燒錢。拍一部電影，就像是創立一個小小的事業。

橫尾　所以我從旁人的角度來看，都會忍不住覺得，拍電影眞是個大費周章的遊戲。大概沒有比拍電影更宏偉的遊戲了吧。

山田 說成遊戲的話，我們就太高高在上了（笑）。

橫尾 進到攝影棚裡，會看到一群大男人光爲一件小事，也要七嘴八舌地一下說這樣、一下說那樣。那種情景還眞是教人嘆爲觀止（笑）。

山田 （笑）沒錯、沒錯，的確。老大不小的老頭子們，可以光是爲了葉子要如何飄落，就研究到廢寢忘食。例如，如果有人說：「那樣不太對，有沒有辦法讓葉子一邊旋轉一邊飄落？」大家就會像吵起來似的，一下說「要不要讓風這樣吹吹看」，一下說「是葉子的剪裁方式有問題」，一群大男人在做這種事（笑）。

橫尾 我看到的時候，會想說：「幹麼不打混摸魚一點，趁導演沒看到的時候弄好就好？」但他們就是認眞得不得了。可我還是會想說：「做到這麼講究，最後還不是拍不到那些葉子。」因爲他們是拚了命地在一個拍不到的地方力求完美。黑澤先生連一個不會去打開的抽屜，都會放入考證過時代的物品。讓人不禁感到，電影眞像是一個巨大的玩具箱。爲了沒有用處的事做到這種地步。說沒有用處，可能會引發眾怒。應該也有人是因爲這些作品而得到救贖，或許實際上是有用處的，但大抵來說，藝術都是沒有用處的。畢竟肚子餓了，畫布和電影都不能拿來充飢。

山田　那是當然的。

橫尾　因爲顏料不能吃，所以從這個角度來說，繪畫是無用的。

山田　沒錯、沒錯。人只要有麵包和水就能活下去了。沒有藝術也沒關係。

橫尾　要是有一天北韓的飛彈飛來時，應該不會有人想說：「那我們來好好地欣賞一部電影吧。」畢竟飛彈不會因爲你在看電影，就炸不到你。雖然藝術沒有這種效果，雖然藝術性的事物沒有什麼用處，但作品最後還是會回饋到社會上，對社會產生助益。這一點很有趣。塞尚一輩子都在畫蘋果，畫聖維克多山（Montagne Sainte-Victoire），但他卻因此讓二十世紀的藝術，產生了顚覆性的改變。

在黑暗中，將燈光一盞一盞打上去，畫面就能完成。

山田　不過，畢卡索父親說的「把畫布塗黑」還眞有趣。我在拍攝《黃昏清兵衛》，我的第一部時代劇電影時，有一天忽然想到「行燈（譯註：日本古代的照明器具）的光線有多亮」這個問題。

因爲古代的夜晚一片漆黑，一般人家中也只有點蠟燭而已。我爲了測試行燈的光線有多亮，便要求工作人員關閉所有的布景燈光，讓周圍一片漆黑。我還拜託他們試試看用燧石點火。然後，他們回我「好好好」，接著就立刻讓攝影棚進入完全漆黑的狀態，道具組的人拿著燧石過來，發出喀嚓喀嚓的聲音，兩三下就把火點著了。我佩服得不得了。時代劇的道具組，果然對這種事已經是熟能生巧了。

雖然在黑暗中，只能靠著火光辨識景物，但過了一會兒，眞的就看得見了。可能是因爲自己的瞳孔慢慢打開了吧。透過測試讓我知道，只要放一盞行燈，就能看清楚整間和室。只不過，沒辦法閱讀文字。那時候，我和大家重新體認到，其實只要有這樣的照明就夠了。

關於照明，重要的是要在黑暗中，將燈光一盞一盞打上去，大概就像畫家將顏色一層一層塗抹上去一樣。將燈光一盞一盞打上去，最後讓整體呈現出明亮的光線時，畫面就能完成，像完成一幅畫一樣。所以先讓周圍進入黑暗狀態，是很重要的。

橫尾　就像谷崎潤一郎先生的《陰翳禮讚》中的那種世界吧？

山田　是啊。早期的電燈都有陰影。

橫尾　我曾經想過，如果有黑光燈就好了，就是一照射就會變暗的燈。

山田　那還眞有趣（笑）。

橫尾　一般的燈是照射出光，但是被黑光照到，就會只有那個地方變昏暗。

山田　原來如此，就是只有那個地方的光線被消去吧？

橫尾　雷內．馬格利特（René Magritte，一八九八～一九六七，比利時超現實主義畫家，其作品影響普普藝術等風格。）就有畫過陰影非常不自然的畫作，畫中的陰影就像是被黑光燈照射到一樣。比方說，蠟燭上不是會有火嗎？但他畫的火是黑色的。所以蠟燭周圍是暗的。蠟燭旁的裸女因爲被蠟燭照到而變暗，所以身體有半邊是暗的。看到那幅畫時，我就想說如果有像這樣的黑光燈，一定很好玩。

山田　原來如此。如果在明亮的房間中，點燃黑光蠟燭的話，應該很有趣。

黑白電影無論是製作的人或觀看的人，都需要帶著想像力。

橫尾　我曾聽黑澤先生說過，在拍黑白電影時，他爲了強調黑，會用大紅色的燈光來照射。他說，這麼一來就能呈現出他想要的黑。

黑澤先生過去不是想成爲畫家嗎？那時候，他爲了呈現出深黑，會先在下面塗一層紅色，再塗上黑色的顏料，這樣就能呈現出更有深度的黑。這是他在談電影拍攝技巧時提到的。黑澤先生的紅色燈光，應該是他在畫畫時，自己想到的技法。

山田　原來如此，原來燈光也是相同的道理。

橫尾　是啊。作畫時，是在後面加上一層紅色顏料，拍攝時，就是打上紅色燈光。

山田　黑白電影的時代，要讓觀眾感覺到顏色，好像很困難呢。比方說，即使拍的是大紅色的禮服，但在畫面上也會變成黑白的。即使眞的穿著紅色禮服，好像也拍不出紅色的感覺。這麼一來，如果想要讓觀眾感受到大紅色的禮服，就要思考怎麼樣的色調才會剛剛好。

橫尾　電影導演會一直在思考這一類的問題吧？

山田　是啊。

橫尾　黑澤先生導演《椿三十郎》的時候，其中一幕是有一朵山茶花，在流經庭院的一條小溪上，乘著溪流而來。拍攝那一幕時，聽說黑澤先生將那朵山茶花塗成了全黑的。據說是因爲，用紅色山茶花拍攝的話，會被拍成灰色，觀眾看起來就不像紅色了。把山茶花塗成黑色，觀眾看起來就會像紅色。不過，也許片中會有台詞提到那是一朵紅色山茶花吧。

這些用心良苦之處、這些電影才有的不利條件，可以爲我們的作畫，提供非常好的參考呢。

山田 黑白電影的時代，就是需要這些複雜的巧思吧。

橫尾 畢竟畫畫還可以直接使用自己想要的顏色，黑白電影就沒辦法了。

山田 也就是說，現代已經不需要這些巧思了。觀眾的想像力也是如此。或許看黑白電影時，觀眾需要帶著想像力觀看，從中解讀出畫面的顏色，所以這也可以成爲一種觀片上的樂趣吧。

橫尾 還有黑澤先生《羅生門》中有名的下雨場景。

山田 對對對。因爲雨水拍不出來，所以他用混了墨水的水當成雨灑落。

橫尾 咦？雨水一般都拍不出來嗎？

山田 對啊，因爲水是透明的。

一般會從另一頭打燈。因爲逆光打燈，水會反射出光線，才能拍出雨水。用一般順光的方式打燈，就算光照在雨水上，也很難拍攝出來。所以要逆光打燈。

橫尾 您的電影《東京小屋的回憶》中，不是有一幕暴風雨的場景嗎？雨水彈跳飛濺的場景。那種時候，也是取決於照明嗎？

山田 這個嘛，水的拍攝其實都很不容易。像是下雨之類的，水大量傾注下來時，還是需要用上特殊技術。總之，要拍攝水的時候，都很麻煩。

橫尾　對電影而言，水是很難纏的對手吧？

山田　是啊。但水也有水的魅力。像我就會希望，每一部電影裡，至少要有一幕認真拍攝水的鏡頭。任何水都好，拍攝流動的河水也可以。

橫尾　某個鏡頭拍出水嗎？

山田　對。拍攝池塘也可以。不過，不知為何大海就不行。不然就是拍攝雨，拍一場下雨的戲。這麼一來，電影就會散發出一絲濕潤感。水在電影中是缺之不可的。

雖然也想擺脫孩童般的好奇心……

橫尾　您對年齡有什麼看法？我前面訪談過的對象中，絕大多數的人都對健康不怎麼在意，另外，絕大多數的人都說，不覺得自己年事已高。在年齡上，您有什麼樣的感覺？

山田　我會讓自己不去感覺年齡（笑）。

橫尾　真厲害（笑）。您也沒有在服用藥物吧？我去醫院的次數實在多到滑稽（笑）。難得最近有半年左右都沒上醫院了。

山田 這麼久沒看醫生嗎？那還眞稀奇。橫尾先生明明就是醫院的粉絲（笑）。

橫尾 是的，我是醫院的忠實粉絲。最近似乎有點偷懶。

山田 眞是不應該（笑）。

橫尾 一時忘記了。

山田 怎麼可以忘記（笑）。

橫尾 您說的「不去感覺年齡」，是指總想著下一個功課，而沒有空閒去在意年齡或身體狀況嗎？

山田 不，不是那樣。我還是會感覺到自己逐漸衰老。像是身體的動作愈來愈遲鈍，腳步變得不太穩，還有身體愈來愈無法彎曲。大概每半年就感覺到一些差異。這可是很難以接受的。但我不認爲，只要拚命做伸展操，就能改變什麼。我不太會去做這一類的事。頂多一天散步一回。這樣做或許在健康管理上，沒什麼用處。但畢竟一旦不能走路的話，就萬事休矣。所以我想，應該要盡量用自己的雙腳走路。可是，一想到自己總有一天會無法再走路時，就會有點毛骨悚然。

我希望趁著腳還能走，頭腦還能動時，在可能的範圍內盡量工作。我想讓工作這項功課，一直伴隨我下去。大概是這種感覺。

橫尾　您是否曾經失去過「想創作」的心情？

山田　嗯，那就像是一種欲望吧。我反而覺得，「什麼都不想做」的心境也沒什麼不好。因為如果不帶著一種孩童般的好奇心，就不可能想要持續不斷地創作下去。雖然也有人說，要永遠保持孩童般的好奇心，但我覺得，若擺脫了那種好奇心，說不定就能過著更怡然自得的老年生活。但我不知道哪種比較好就是了。

我有時候也會想說，在暖爐旁，一邊抽著菸斗，一邊讀偵探小說，才是最理想的老年生活。

自然形成而不刻意的美好。

橫尾　之前有一部電影，是一百多歲的導演拍的。但我忘了片名。

山田　喔，是奧利維拉（曼諾・迪・奧利維拉Manoel de Oliveira，一九〇八～二〇一五年。過百歲後，又繼續拍攝了五部電影，他是擁有在職時最高年齡的電影導演）的《安潔莉卡的奇幻旅程》（原片名：O Estranho Caso de Angélica，奧利維拉一百零一歲時的作品）吧？

橫尾　對，就是這片。那一片裡，有很多夜晚的場景吧？

山田　很多嗎？片頭是從夜晚開始的，這倒是錯不了。

橫尾　這樣的話，是一百多歲的導演坐著輪椅去拍攝夜晚戶外的場景嗎？還是把內容交代給他人去拍攝？

山田　開頭那一幕戲應該是出外景，不過，或許他本人並不在現場，而是待在車內做出指示。

橫尾　如果把內容交代他人去拍攝，自己躺在家裡，完全不去拍攝現場，只透過螢幕給出指示，就能拍出一部電影的話，那也挺有意思的。

山田　現代的科技來說，這也不是辦不到的事了。

橫尾　應該不是辦不到的事吧。

山田　對啊，不是辦不到。把螢幕放在旁邊，然後指示現場的人：「那邊不是要那樣，而是要怎樣怎樣。」不過，這樣就得一直說話，很麻煩。

橫尾　說話說到累。

山田　反過來說，有時候導演光是待在現場，就能有很大的幫助，就算什麼話也沒說。管弦樂團的指揮，到了九十歲左右，好像就無法做出很多細部的事，因爲手會抖。所以就會有一個叫做樂團首席的人，專門負責帶領整個樂團。不過，光是有一個指揮者在前面，或許還是不一樣吧。

橫尾　指揮家小澤征爾先生（一九三五年～）曾告訴我，他曾在感冒發燒、意識朦朧的時候進行指揮，但他自己都搞不清楚自己有沒有在揮棒。可是聽說那一次的演奏非常精彩。甚至有人說是他最精彩的一場演奏，害他很困擾。

山田　這跟手發抖畫出的畫一樣呢。

橫尾　是啊。所以，如果有人是有意識地、刻意地一邊抖手，一邊作畫，我想一定會畫出讓人不忍卒睹的畫。

山田　那樣就不行了。

橫尾　聽說在手會自己抖的狀況下畫出的畫，看起來就像是高手畫的畫。從這個角度來看，手因爲上了年紀而發抖，還眞不錯。

山田　是啊。那是一種韻味吧。

即使重聽也能為作品帶來韻味，也能成為個人特色。

橫尾　像我這樣，眼睛看得見，但耳朵重聽的話，就不會在繪畫上產生任何變化了。還眞吃虧。

耳朵因年紀大而重聽，這種身體缺陷要是也能在繪畫上帶來正面效果就好了。

山田　或許眞的有帶來正面效果。

橫尾　才沒有呢。

山田　在您身上一定有的。有的畫家能得到正面效果，有的畫家不能。

橫尾　如果是音樂家的話，那就有趣了。

山田　嗯，聽說貝多芬就是耳朵聽不見。

身爲音樂家的話，會很困擾。不過，畫家的話，就不會困擾。因爲聽不到也沒關係。聽不到雜音，反而比較清閒吧？別人太吵了（笑）。

橫尾　卓別林（一八八九～一九七七年）就是重聽，他好像是因爲電影中的爆炸場景等各種巨響，而造成聽力衰退。

不過，他在重聽的狀態下，不但繼續演戲，還挑戰其他類型的工作。電影能以許多不同形式，表現出視聽嗅味觸覺，但繪畫的話，想要在畫中表現出聽覺、嗅覺，就很困難了。

山田　畢竟電影最重要的就是動態。確實地捕捉動態，又或演員呈現出確切的動作，這對電影來說，是十分重要的事。其次才是聲音。動態是非常重要的。因爲我們會先用眼睛確認，而不是耳朵。

橫尾　演員如果聽力有問題的話，應該也會有些困擾吧？如果對戲時，是以某個聲音當成指令，讓演員做出某種反應的話，不就有可能慢一拍嗎？

山田　可是，聽力有問題的人還滿多的。有在演戲的人，會培養出某種直覺。不過，全聾的話，可能就會不太方便了。

橫尾　笠智眾先生（一九〇四～一九九三年，日本演員，山田洋次導演作品《男人眞命苦：寅次郎的青春》爲其遺作）的聽力如何？

山田　很差。

橫尾　果然很差嗎？他總是用一種聽不見別人聲音的方式在說話。所以我才想說，不知道他聽不聽得見別人說話。可是，那樣反而變成了他的個人特色呢。

山田　沒錯，就是這樣。他老是問：「什麼啦？」這就是他的個人特色。

我想抬頭挺胸地說：「變老一定會對作品帶來正面影響。」

橫尾　不過，這就是說，變老對作品帶來正面影響的例子，愈來愈多了。

山田　不，我們必須相信不是愈來愈多，而是一定會對作品帶來正面影響。不然，我就得立刻退休了（笑）。我想抬頭挺胸地說，一定會對作品帶來正面影響。

橫尾　這是一定的。十幾歲的孩子畫的畫，和九十歲的人畫的畫，當然不同。變老一定也能讓一個人，體驗到年輕時無法經歷的事吧。

山田　現在遇到某些事，會有「好像能體會」的感覺，也會有「啊，原來是這麼回事」的感覺。

橫尾　在拍攝電影上，六十歲或七十歲時的感受能力，應該跟八十歲的感受能力不一樣吧？還是說，沒有太大的差別？

山田　不，應該不一樣。而且，我覺得應該差很多。

橫尾　自己察覺不到嗎？

山田　不，自己會察覺到，我會想說：「爲何當時要那樣做？那樣就不對啦！」我常常覺得，現在來拍的話，我一定會用不同的形式來呈現了。

橫尾　啊，這和我去看自己的展覽一樣，會一邊看一邊感到不滿意呢。我會想說：「如果是現在，我就會怎樣怎樣做了。」每一個作品都一邊看一邊這麼想，整個展覽看下來，都精疲力竭了（笑）。

山田　嗯。我還是覺得「什麼都不想做」的心境也不錯，但我就是很難有那種心境。我總是有不甚滿意的地方，老想說「下一次要拍出更好的作品」，這可能是某種孩童般的欲望吧（笑）。

橫尾　所以，或許我們都會一直不斷地創作下去（笑）。

二〇一六年十二月二十二日
攝於東京成城的橫尾忠則工作室

一柳 慧

Toshi Ichiyanagi

84歲

希望長保勇於挑戰的心情。
八十多歲的真正挑戰，現在才正要開始。

作曲家、鋼琴演奏家

1933年生，神戶人。
1954～1957年之間，在紐約茱莉亞學院留學，
1961年以前，旅居於紐約。
與約翰・凱吉（John Cage）、大衛・都鐸（David Tudor）、斯特凡・沃爾普（Stefan Wolpe）、摩斯・康寧漢（Merce Cunningham）等人，發展前衛性音樂。
1961年，接受吉田秀和等人「二十世紀音樂研究所」音樂節的延聘，回到日本。
發表了導入隨機性元素、使用圖像記譜（Graphical notation）的作品，
並將日本和歐美的嶄新音樂介紹給大眾，為各界注入活水，帶來旺盛的活力。
1966～1967年，受洛克菲勒基金會（Rockefeller Foundation）之邀，再度前往美國，在美國各地舉辦作品發表會。
在歐洲也有活躍的表現，包括獲得德意志學術交流中心（DAAD）的邀請，接到柏林藝術節（Berliner Festspiele）、維也納現代音樂節（Wien Modern）等音樂節的作品委託等等。
獲頒許多獎項與獎章，至今為止獲頒尾高獎五回，其他包括法國藝術與文化勛章、每日藝術獎、京都音樂賞大獎、三得利音樂獎、紫綬褒章、旭日小綬章、文化功勞者等等。目前擔任神奈川藝術文化財團藝術總監。

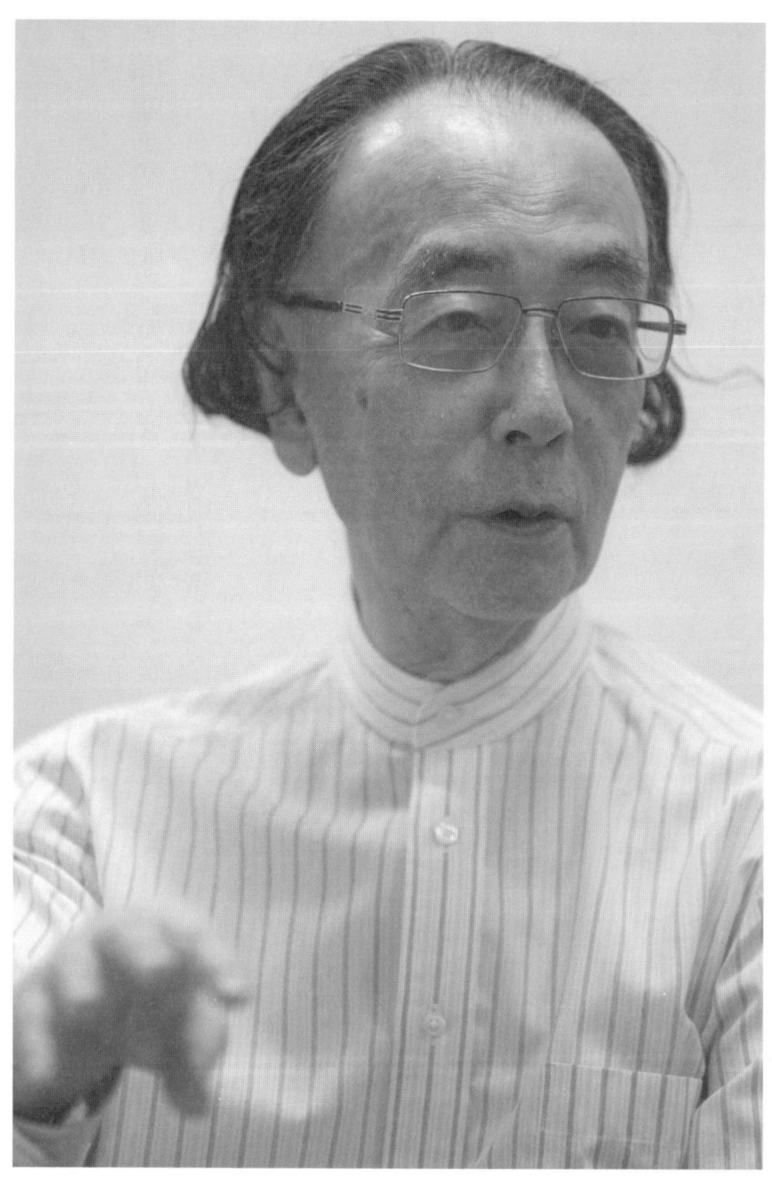

上了年紀之後，
愈來愈擺脫社會的束縛，
因而能純粹地順從好奇心和冒險精神。
所以，對舊事物的反抗心反而也會減少。
不必在乎是新是舊，
那些跟創作內容無關。

打破既有風格，通向嶄新道路。我想走在破格的道路上。

橫尾　一柳先生，這個對談企劃，我已經足足進行了三年。第一位訪談對象是瀨戶內寂聽大師，接著是磯崎新先生、野見山曉治先生、細江英公先生、金子兜太先生、李禹煥先生、佐藤愛子女士、山田洋次先生，再來就是您。

一柳　哎呀，對象還眞是大有來頭呢。

橫尾　我今年八十一歲，您是八十四歲吧？這個企劃是以比我年長的八十幾、九十幾歲的創作家爲對象，向各位前輩們請教，年齡與創作欲的相關性。

一柳　這個主題眞不錯。我覺得這是非常棒的主題。

橫尾　前面訪談過的前輩們，個個精神奕奕。您也是如此。已經好幾年不見，今天看到您，還是這麼年輕、這麼有精神。而且我在報紙上拜讀了關於您的事，您現在似乎也是每天過著忙碌的生活。我從報紙上讀到，您說，和年輕時期比起來，老年後的創作活動，就像是進入了一個嶄新的領域。我想，今天一定要好好地向您討教關於這方面的經驗。

不過，不好意思的是，今天我的聽力很模糊。一個月前還不是這種狀態，現在已經到達退步神速的地步了（笑）。

一柳　這樣的情形很難治好嗎？

橫尾　治不好呢。感覺好像變成社交上的殘疾人士。

一柳　那可眞是原生藝術（來自法文Art brut，意爲「未加工的藝術」，英文爲Outsider art。指出自未接受過傳統訓練的創作者之手，且被視爲藝術的作品）的世界呢（譯註：原生藝術的概念也被認爲是，隔絕於所有社會與文化影響之外，「未經雕琢」、沒有考慮到名利的藝術）。

橫尾　這個說法太有趣，還眞是耳朵的原生藝術（笑）。不過，畫作是不是就不知道了。如果畫作也能變成原生藝術，那就有意思了。我現在正在喪失視聽嗅味觸的其中一覺。要是剩下的四覺可以加強運作來彌補，或者發展出其他感覺能力，那就有趣了。比方說，雖然耳朵聽不見，但聽得見內心的聲音之類的（笑）。如果能這樣切換就好了。

一柳　如果是您的話，感覺很有可能辦到（笑）。

橫尾　說到耳朵聽不見，貝多芬也是如此呢。曾與您一起從事音樂活動的約翰・凱吉（一九一二～一九九二年。前衛音樂的舵手、作曲家。使用各式各樣的素材改變音樂概念的二十世紀最著名實驗音樂家），是不是不太喜歡貝多芬？

一柳　我覺得，貝多芬的音樂是既有邏輯，又有熱情，又不會裝模作樣，是在自由不造作的狀態下創作出來的。但凱吉大概不是針對貝多芬，只要是音樂中的聲音，呈現出有機的戲劇性，他都不喜歡。畢竟他非常喜歡薩提（譯註：艾瑞克・薩提Erik Satie，法國作曲家、法國前衛音樂的先聲），對薩提讚譽有加。只不過，如果我太深入追問的話，恐怕會影響到我和凱吉的關係，所以在這件事上，我也沒有跟他聊過更多。

貝多芬的聽力相當差，但他應該是用心靈在聆聽音樂、製作樂曲的，因此他的音樂總是在各種不同之處，展現出崇高的要素，這一點眞的很了不起。

不過，這次因爲您的聽力不好，剛才幾乎無法對話，實在是很遺憾，如果能夠透過心靈交談，那還眞不錯，就像您忽然從平面設計師，轉變成畫家那樣進行切換。

橫尾　我是在四十五歲時，從平面設計師轉換跑道，成爲畫家。在那之前，我擔任平面設計師，約有二十五年之久。當我開始思考未來時，便覺得自己的生活方式，恐怕只是盤踞在過去建立起的成績上賴著不走而已。所以想選擇一條不同以往的新道路，或許只是忽然哪根筋不對了（笑）。

挑戰未知，投入超出領域的事物，接二連三地更換主題和形式，讓我打破了內心的既定價值觀。這會讓人得到某種快感。我想，即使我們面對的是一台失控卡車朝自己狂奔而來，自己重心不穩摔倒在地，那裡也一定存在著某種景色，是不摔倒就不可能看見的。對我而言，要先經歷自己的逐漸分崩離析，才會發現嶄新的道路。

現代音樂中存在著不受任何人束縛的自由。

橫尾　不過，約翰．凱吉也學過不少過去的音樂歷史吧？

一柳　雖然有學過，但他生長在美國，尤其是在加州土生土長，跟在歐洲學習音樂非常不同。我很能體會他深受鈴木大拙（一八七〇～一九六六年）（譯註：日本著名的佛教思想家，將「禪」傳播至西方，影響了「垮掉的一代」、嬉皮運動等）等非歐洲哲學與思想吸引的心情。我是在一九五〇年代赴紐約（茱莉亞學院）留學時，認識凱吉的。那時候的美國正在前衛藝術的鼎盛時期，前衛藝術結合各式各樣的藝術，以摸索嶄新的表現方式。能讓如此多元的藝術家們齊聚一堂，應該是第二次世界大戰的意外收穫吧。像是巴爾托克．貝拉（Béla Bartók，一八八一～一九四五年，生於匈牙利，卒於紐約的古典音樂作曲家、鋼琴家及民間音樂研究者。持續以民俗音樂爲基礎，創作出嶄新的音樂）、阿諾．荀白克（Arnold Schönberg，一八七四～一九五一年，奧地利作曲家、指揮家及教育者。一九三三年歸化入籍美國。他奠定了現代音樂的基礎）等走在最前端的作曲家們，都相繼逃離歐洲，來到美國。

在那裡，我見到許多一般很難見到的人，並親自感受到他們本人的氣場，包括馬塞爾・杜象（Marcel Duchamp，一八八七～一九六八年，出生於法國的美術家，歸化美國籍）、埃德加・瓦雷茲（Edgard Varèse，一八八三～一九六五年，出生於法國的作曲家，歸化美國籍）、路易吉・達拉皮科拉（Luigi Dallapiccola，一九〇四～一九七五年，義大利的作曲家）等人。現在回想起來，置身當時的美國，這件事本身彷彿就是在反抗（歐洲的）傳統與制度所帶來的枷鎖。認識了凱吉，以及其他美國的建築師、美術家、舞蹈家等形形色色的人，並與他們交流，爲我帶來了莫大的力量，因此我才能努力不懈地創作到這把年紀。

橫尾　原來如此。畢竟您是在前衛藝術的鼎盛時期，以日本人的身分，隻身前往美國。在那種環境的激發下，可以理解您爲何會對自由而前衛的音樂活動，如此熱衷。尤其是，我聽說在戰爭期間，您因爲不能做自己喜歡的音樂，而變得十分壓抑。

一柳　光是彈個鋼琴，就會因「時局動盪還有心情玩音樂」而遭人白眼。這比防空避難、比忍飢挨餓，更讓人難受。不能聽想聽的音樂，不能彈想彈的樂曲。我之所以會踏上現代音樂一途，就是因爲我在其中感受到了自由的可能性。這是對戰爭的反動力吧。因爲我想要活在一個不拘泥於既有的技法，甚至不受限於音樂領域，可以通往任何地方的世界。

我覺得，到了現在這年齡，當時那種心情又逐漸復甦了。

表演與創作的藩籬逐漸消失。

橫尾 不過，雖然有著不受拘束的自由精神，但您也接受了貝多芬等過去既有的音樂。您是在這樣的基礎上創作新音樂的。精通所有格式後的破格（笑）。可是，如今從事現代美術的人，雖然都對當今的現代藝術、現代美術有興趣，但卻鮮少有人對過去的藝術感興趣，對吧？

一柳 畢竟在美術的世界裡，大家都是創作者。但音樂的世界裡，有分創作者和表演者，而表演者是以對新事物不感興趣的人占大多數。

不過，現在三、四十幾歲的人，是在日本經濟衰退、世界局勢不明的困頓時代中長大的世代。這些年輕人開始用他們自己的方式做音樂，所以我想如今的情況應該大有改變。我特別關注到的一個現象是，創作者和表演者之間的藩籬變得愈來愈低矮。有些創作者也會跨足表演，有些表演者也會跨足創作領域。我覺得，在藝術音樂，尤其是現代音樂的範疇裡，專業分工的現象已逐漸式微。

雖然話題有點扯遠了，但我們的時代裡，曾有一些人理解我們的想法，在背後鼓勵我們「放手嘗試」。讓我們相信自己的想法沒有錯的，就是實業家佐治敬三先生（一九一九～一九九九年，三得利創辦人鳥井信治郎的次子。一九八六年，擔任三得利社長的期間，於東京赤坂創設三得利音樂廳（Suntory Hall），以期成爲「文化傳播的據點」）。

鳥井先生的那句名言「放手嘗試」，是本身心靈健全，擁有根本性的好奇心，且信任人與藝術的人，才說得出的話。而佐治先生親身實踐了這種精神，並把我們推向了一個更強而有力的未來。

對我來說，還有一個很重要的人，那就是季節集團（Saison Group）的堤清二先生（一九二七～二〇一三年，曾擔任西武流通集團代表、季節集團代表等職。前西武鐵道會長堤義明是其同父異母的弟弟）。堤先生是筆名爲辻井喬的出色詩人，對歷史也有深入研究，我曾以他的劇本，和他一起創作過一齣歌劇，他也曾協助過我的音樂公演，他擁有一顆開放而柔軟的心靈。

橫尾　聽您剛剛說的這些，讓我想起了一件往事。我接到委託，爲一九七〇年的大阪萬博（譯註：日本首次主辦的世界博覽會）打造「纖維館」的展館建築，那是我有生以來第一次的建築經驗。那時，我發現架設在建造物上的鷹架，和建築同化了，因此想直接讓鷹架和建築物融爲一體。於是，我向理事會提出這項方案。但不出所料，大受反對。我千拜託萬拜託，要他們讓我跟握有反對權或決策權的最高負責人見面，最後終於有機會見到（日本纖維產業聯盟的）會長谷口豐三郎先生（一九〇一～一九九四年，前東洋紡績社長），親自告訴他我的構想。谷口先生對我說：「你說的那些東西我不懂，但你的熱情我感受到了。對我們企業人來說，支援藝術家也是企業責任之一。請你務必放手嘗試。」所以我才實現那樣的構想。這種事絕對不可能發生在現在這個時代。

挑戰並確認立場不同的人，能相互影響到什麼程度。

橫尾　我知道您樂於與年輕人交流，並且不停吸收新的刺激與能量。

一柳　因爲和我同世代的昔日好友，幾乎都不復在了。以前，我一直覺得和相同信念的人，活在相同時代，聚在一起工作，是再理所當然不過的事。但隨著年齡增長，我才發現，這是多麼難能可貴的福分。現在，跟我關係密切、可稱得上「音樂上的同志」的人，年齡都是在三十五歲以後到五十幾歲左右。是我們兒女那一輩。而且他們全都很用功，又頭腦清楚。他們總是會向我提出新的創意，加上又精力旺盛，讓我從他們身上得到很多能量。我覺得，在創造上應該沒什麼世代的鴻溝。現在，只要我身體還撐得下去，就打算跟這群年輕人繼續玩音樂下去。

橫尾　從經驗來說，我們的資歷比較深，年輕人反而因爲資歷淺，而能向我們提出十分新鮮的想法。有時候他們說得一副理所當然的事，在我們聽來都有些吃驚。您也有在爲那些年輕人製作歌曲嗎？

一柳　有，我盡量讓自己跟上他們。我還創設了「一柳慧當代獎」。

橫尾　原來如此。我好像知道您長保年輕的祕訣是什麼了。一柳先生經常讓自己接受新刺激呢。您今年八十四歲吧？但看起來眞的很年輕，氣色好，又沒有皺紋。

一柳　和年輕人一起工作，確實很不錯，但自己不裝年輕的話，就沒辦法一起做下去，所以還滿累人的。如果年輕人爲了配合我們而變得過於保守的話，我還是有可能因此跟他們吵起來。

橫尾　裝年輕應該很重要吧。絕對很重要。因爲透過裝年輕，能讓身體也一起得到活化。如果自己覺得自己不行了，那就眞的會每況愈下。像是藝人，他們總是會受到大眾矚目，所以必須一直保持年輕。而實際上，他們也眞的比較年輕。如果太過依賴頭腦分析的話，我們的腦中就會經常產生否定性的想法。腦中會不斷感到煩惱、痛苦、悲傷、迷惘。爲了不受頭腦擺布，我都會以身體爲優先。

一柳先生，另一個最糟糕的，應該就是心理壓力吧？

一柳　您說得沒錯。音樂是以聲音爲語言。因爲我長年以來，都一直用聲音來呈現創意，所以做音樂時不會感到太大的負擔。但要用語言來談論音樂的話，就會對我造成很大的心理壓力。這場對談也是如此，寫稿也一樣。我想會有壓力是因爲我無法分辨自己做得夠不夠好。

橫尾　所以，會不會是只要能有效地抒解壓力，就能讓自己長壽？不過，如果只是單純長壽而已，也沒太大意義。還要是不斷進行充實的創作。進行充實的創作，反而能讓我們返老還童。

一柳　在創造行爲上，年齡增長後，社會、時代、環境所帶來的制約及壓力，反而會減少，因此更容易得到新的發現，或擁有不同於年輕時期的藝術熱忱、野心、自由的構思等等。我覺得這些都能在創造行爲中，醞釀出新的能量。這是隨著年齡增長而得到的意外喜悅。

橫尾　沒錯沒錯。年齡增長後，身體各處雖然都在衰退，但心靈會變得比年輕時自由。這也會對身體產生影響。我覺得，創造（創作）能延長人的壽命。一柳先生，不知您的看法如何？您覺得，創造和壽命有因果關係嗎？

一柳　我是不知道壽命能否延長，不過隨著年齡增長，雜事減少後，投入作曲的時間就增加了，這一點我覺得很幸運。另外就是，有值得信賴的演奏家或演奏團體來委託我創作。這也成了推動我的音樂創作的良好刺激。尤其，最近來自年輕人的委託也逐漸增加，當我得知他們是理解、喜歡我創作的音樂，才向我提出委託的時候，便更能讓我得到鼓舞。或許這些事都在不知不覺中，延長了我的壽命吧（笑）。

希望長保勇於挑戰的心情。

橫尾　待在一個能與年輕世代的人交流的環境中，是一件很棒的事。因爲和年輕人交流，才會不斷湧出創造能量，同時也能得到鼓舞。可是，應該是您對年輕人而言，不但具有超越年齡的創作者魅力，又擁有人格上的魅力，才能這麼頻繁地和年輕人交流吧？證據在於，您到現在仍是現代音樂界中最具代表性的人物之一。

如此受到年輕人仰慕與尊敬的音樂家，應該不多吧。您可曾分析過爲何自己如此受到歡迎？

一柳　可能是因爲年長的前衛音樂家很罕見吧，不過，年輕時因爲受到前衛音樂的影響，而遭到不少人討厭。

現在，在數位技術的層面上，我們終究趕不上年輕人，而在思想的層面上，正如方才您也提到過的，他們也有我所沒有、我可以向他們請教的部分。我覺得，自己的藝術心靈，往往也是因為這樣的刺激，而變得更加豐盈。這時候，無論他們的年齡跟我相差多遠，即使他們是我子女的世代，甚至是孫子的世代，我都會覺得他們和我是平起平坐的「夥伴」。而我也會時時刻刻提醒自己，和年輕人相處時，不能倚老賣老，要以平等的態度相處。

橫尾　我想，要做到這點，應該不簡單。畢竟有很多人到了這個年紀，就喜歡用「我們年輕時如何如何」來跟年輕人說教（笑）。話說回來，畫家野見山先生也說過相同的話。他說他很想說說看「我們年輕時如何如何」這種話，因為他一直都沒有「年老」的自覺。不知一柳先生如何，您是否對上了年這件事，有一定程度的自覺？

一柳　身體上當然是不像過去那麼健壯，可是無論在作曲上，或鋼琴演奏上，年輕時做起來很吃力的事，現在往往能得心應手。我的寫作速度算是快的，但現在會覺得，稍微慢一點應該也不要緊（笑）。

橫尾　喬治歐・德・奇里訶的晚年作品中，畫出來的線是抖動的，那種韻味特別美。可是就算想模仿也模仿不來。我希望我也能因為年紀大了，而在某種非出於自我意志的力量作用下，以身體的自然狀態創作。不過，這只能看看未來有沒有機會實現了。

八十幾歲的真正挑戰，才正要開始。

橫尾　您提到，相對於身體的衰老，現在工作上反而變得得心應手。那麼，在（音樂的）創造層面上，年輕時和現在有什麼樣的改變？

一柳　年輕時，感覺上比較著重在鑽研對未知事物的興趣及技術，以確立自己的表現手法。但到了最近，就不再是純粹想要開拓未來，反而更重在從已知事物中發現未知事物時的喜悅，以及如何讓相異之物相互共存。不過，爲了不讓作品陷入娛樂性或大眾傾向，我希望能持續保有挑戰精神下去。只有這一點，無論上了年紀或年輕時，都沒有太大的改變。

橫尾　我覺得，自己的未來並非存在於未來，而是透過撬開「潘朵拉的盒子」與過去的靈感相遇，那種過去的靈感，彷彿是來自於兒童時期的「幼稚性」（infantilism）。一柳先生，您不只身體年齡年輕，您的創作年齡也很年輕。是創作年齡很年輕，所以身體年齡才會年輕，還是身體年齡很年輕，所以創作年齡也很年輕……到底哪個因果關係才是對的？

一柳　我不敢說什麼大話，不過從身體方面來說的話，這四十幾年來，有一個一直持續不間斷的運動。

我年輕時，日本戰敗，成了赤貧國家，所以只能從事不花錢的運動。因此，那時候我會做的運動，大概只有桌球、游泳、棒球而已。其中，至今仍持續定期進行的，就是桌球。即使是暫居在紐約、柏林、赫爾辛基等的外國城市時，也不怕找不到對象，所以我一直以一星期一到兩次的頻率，持續著打桌球的習慣。

橫尾　那還眞了不起。我的工作室裡就有桌球桌。看來，改天我是不是該請您來當我的教練（笑）。您完全不用跑醫院嗎？我最愛醫院了，甚至還被醫生說，我會自創疾病，到醫院看診後，又自行痊癒。他還說我是最惡質、最沒有成就感的病人。因爲醫生幫我看了，也英雄無用武之地（笑）。

一柳　眞是治療起來沒有成就感的病人呢（笑）。我身上沒有什麼致命性的病痛，只不過，我有在一家私人診所裡，固定讓一位內科醫師替我診療。那位醫生是一位非常邏輯理性的人，我們總是可以天南地北地聊。據他所言，過去沒有運動習慣的人，到了七十歲前後，才覺得該鍛鍊一下身體而開始運動的話，會突然增加身體的負擔，因此而病倒的案例很多。相反地，長年持續運動的人，年紀大時突然停止運動的話，也很危險，這種人也有病倒的可能性。

我也有在經營小型的桌球俱樂部，所以我的桌球還打得很好，也想一直打到打不動爲止。可能是這個緣故，我的腰腿還十分穩健。到現在，只要是在東京都內，我都是搭地下鐵和電車，想出門就出門，記憶力也有維持住。另外，我每晚睡前都會持續彈兩小時鋼琴，不過這也是必要的練習。彈鋼琴似乎也是抒解壓力的良方。畢竟不彈的話，就會愈來愈退步。

橫尾 對您而言，彈鋼琴或許就跟對我們來說的畫畫一樣。不過，您的藝術年齡和身體年齡，完全沒有分離呢。畫家像是畢卡索、夏卡爾、達利、馬諦斯、葛飾北齋，都很長壽，這些人都活到了八十歲以上。音樂家的話，也很長壽嗎？

一柳 我沒有特別思考過這個問題，不過活到一百零三歲的前衛作曲家艾略特・卡特（Elliott Carter，一九〇八～二〇一二年），九十歲以後的作品特別具有年輕活力，教人十分佩服。我想，這就是到了晚年反而更有挑戰精神的好例子。上了年紀之後，會愈來愈擺脫社會的束縛，因而能純粹地順從自己的好奇心和冒險精神。所以，對舊事物的反抗心反而會減少。不必在乎是新是舊，那些跟創作內容無關。

日本的明治新政府成立後，到今年（二〇一七年）就一百五十年了，日本的古典藝術雖然歷史悠久，但各類藝術在內容上，至今仍很年輕、新穎。我想，這些古典藝術都足以當成我們的精神文化，與我們的科技分庭抗禮。我好像能理解爲什麼您會想轉換跑道，成爲一名畫家了。一直以來，我也製作了不少西歐體系的音樂，或許八十多歲的眞正挑戰，現在才正要開始。

橫尾　失敗一點也不可怕，刻意對失敗提出挑戰，才是創造的精髓，只要您還健在，還持續在進行創作活動，就能讓我們吃下一顆定心丸，因爲這麼一來，就不會有看不見未來之感。

今天非常感謝您接受這場訪談。

二〇一七年八月二十四日
攝於東京六本木的SB Creative會議室

横尾忠則

Tadanori Yokoo

81歲

畫畫的行為，就是在每個瞬間得到滿足。
不需要完成時的成就感。

美術家

1936年生，兵庫縣人。美術家。
1969年，獲頒第六屆巴黎青年雙年展（Biennale de Paris）版畫部門的最大獎；
1972年，在現代藝術博物館（Museum of Modern Art）舉辦個人展。
接下來，又在巴黎、威尼斯、聖保羅等各國的雙年展中，展出作品，
在阿姆斯特丹的市立博物館（Stedelijk Museum Amsterdam）、巴黎的卡地亞當代藝術基金會（Fondation Cartier pour l'Art Contemporain）等美術館舉辦個人展。
1975年，獲頒每日產業設計獎；1995年，獲頒每日藝術獎；
1997年，進入紐約藝術指導協會年度獎（ADC Annual Awards）的名人堂；
2001年，獲頒紫綬褒章；2006年，獲頒日本文化設計大獎；
2008年，以小說《BLUELAND》（ぶるうらんど）一書獲得泉鏡花文學獎；
2011年，獲頒旭日小綬章、朝日獎；
2013年，獲頒神戶新聞和平獎；2015年，獲頒高松宮殿下紀念世界文化獎；
2016年，以《脫離語言》（言葉を離れる）一書獲得講談社散文獎等。
2012年，於神戶成立橫尾忠則現代美術館；2013年，於香川縣開設豐島橫尾館。

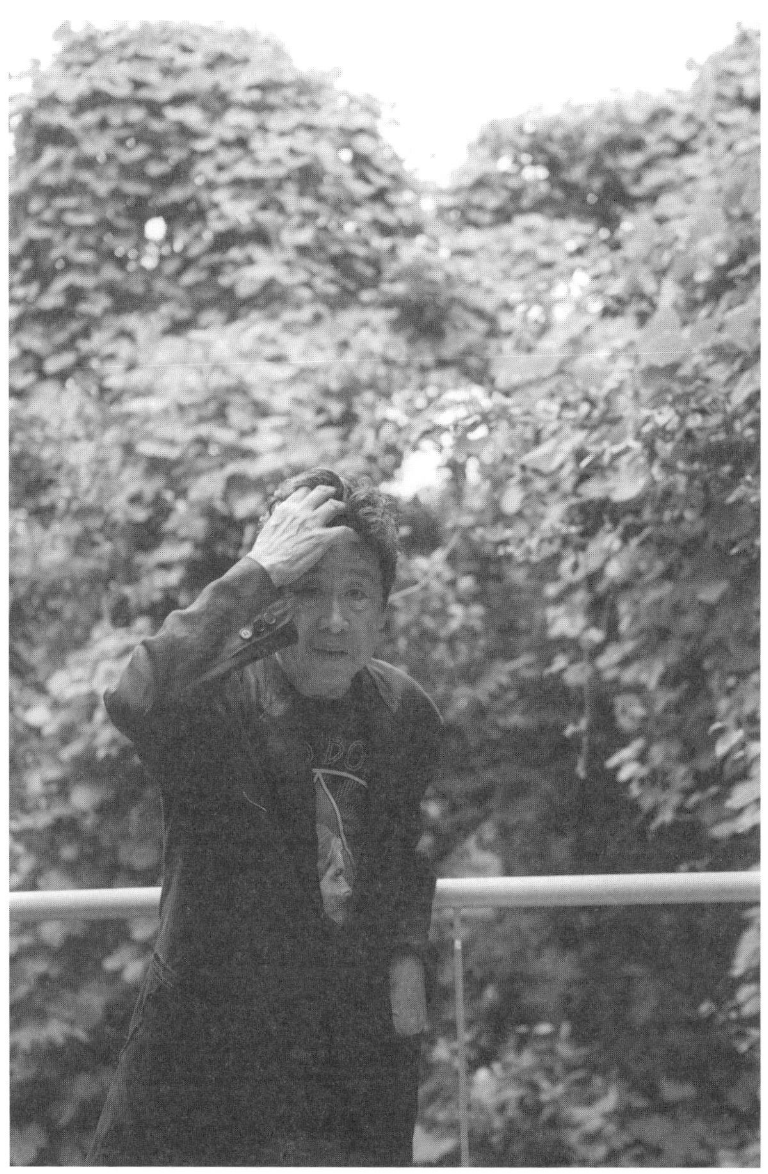

隨著年齡增長而變得成熟，
或許根本是不存在的事，
而只是我們的幻想而已……
如果在創造行爲、藝術活動上，
有所謂的成熟，
我想，那種成熟指的就是回歸幼稚性。

不去思考，能讓身體甦醒過來。

——費時三年，對九名八十歲以上、且現正活躍於工作上的作家及藝術家們，進行長篇訪談。

七十九歲、八十歲、八十一歲的橫尾忠則先生，根據當下的年齡、當下純粹的好奇心，與受訪者探討了關於「創作」「年齡增長」與「死亡」的議題。對談結束後，有什麼想法？

橫尾　我想「不去思考」幾乎可說是所有受訪者的共通關鍵詞。年輕時，若沒有自己的想法，就無法充滿自信地投入工作，所以必須時時刻刻不停思考。然而，到達某個年齡，不去思考反而能帶我們找到工作本身的樂趣、或投入工作的欲望。

年輕時，怎麼樣也無法掌控自我。可是，到達某個年齡後，就會學會如何掌控。那不是用頭腦，而是用身體學會的。達到這個境界時，人就不會再做勉強自己的事。不勉強自己，不是指偷工減料或馬虎了事，而是指逐漸擺脫想要藉由作品，向世人傳達些什麼、對社會表達些什麼的想法。如此一來，那些多餘的私慾，就會一點一滴地從心頭消失。以我個人來說，我是逐漸把我的興趣集中在純粹的繪畫上。這種純粹的作畫行爲，似乎又會反過來影響我的身體，讓我的身體得到活化。

——不去思考目的或結果，或說，不去意識社會或他者，像這樣的創作活動或藝術行為本身，能夠延長壽命嗎？

橫尾　我不知道能不能說：畫畫和生命彷彿會在某個地方產生連結。如果帶進了多餘的想法，遲早會讓自己遇到瓶頸，變得窒礙難行。這不是受到身體的限制，而是受到頭腦支配。頭腦是十分情緒化，又喜歡將事情小題大作的。一下痛苦，一下煩惱，一下杞人憂天，一下迷惘……我想，我在某個年齡以前，都是在頭腦的這種支配下創作作品，但超過那個年齡後，反而變成由身體自行採取行動。在這一點上，或許畫家和作家是不同的。

一般來說，我們會認爲，老化就是身體愈來愈動不了，但我覺得並非如此，人會在老化的過程中，逐漸脫離頭腦的支配，而使身體甦醒過來。我是在七十歲時發現這個道理，而刻意宣布隱居，決定從此以後只做自己喜歡做的事，就這樣持續了十年。

當我將屆八十歲時，因爲想請教其他同是八十歲以上，且仍持續在進行創作活動的前輩們的想法，因而展開這一連串的訪談。聽了前輩們的分享後，我覺得大家都是隨著年紀增長，漸漸把自己的創作行爲或藝術活動，交託在身體的感覺上，或說身體的知性上。

創造的喜悅在於變化。

——年輕時的創作、上了年紀後的創作，以及兩者之間的變化。凝視逐步改變的自己。

橫尾　年輕時的創作和上了年紀後的創作，還是有所不同的。但我不是自己期待看到自己變化而改變，而是倘若自己毫無改變，就會感到窒息。所以，我總是讓自己處在一個燃燒的狀態中……我剛才提到，我七十歲時宣布隱居後，便只做自己想做的事，奇妙的是，當我這麼決定後，才發現其實自己這個也想做、那個也想做，想做的事多不勝數。明明是要隱居，反而變得更忙碌（笑）。

所以，我並沒有「想改變」的想法。純粹就結果而言，我卻一直在改變。但若從一開始，對於生活、對於創作，就是以改變爲前提的話，未來反而會受到頭腦制約。我覺得，我們本來的面貌不該是如此，應該是在從事一件事的過程中，自然而然地改變才對。改變是人類與生俱來的特質。我們身體的改變也是如此，就像自然界本身一直在變化，人類也會一直變化。然而，這個社會有一種默契，會告訴我們這類創作工作者，必須要儘早建立起自己的主題、風格。於是，我們的思維就會遭到定型。但遭到定型的人，既能得到社會的信任，又便於藝廊或出版社的行銷，評論家也易於寫評論。我們爲了取悅這些人，就會讓自己保持不變。自己的內在明明是不斷改變的，卻一直叫自己不要改變、不要改變，這樣不但不自然，甚至是一種折磨。

——不僅是藝術家，整個現代社會中，「不改變」「定型化」似乎已成為一種規則。就以公司為例，只要在那個組織裡，就會被要求持續不斷地從事相同的工作。但其中，也有人說這樣比較輕鬆……

橫尾　但在那樣的行爲中，我想是沒有「喜悅」可言的，沒有創造的喜悅。並非只有藝術家才能進行創造性的事，每個人都是天生擁有創造能力與創造才能的。所以，我們應該都有能力在不停變化的各種狀況、各種關係中，讓自己一邊變化，一邊開創新事物，並從中發現喜悅。

如果創造行爲是有目的的，那麼它的目的就是「過程」。這是我個人的做法，在畫畫時，我也會很快就畫膩同一幅畫，而在未完成的狀態下停工。有時，甚至連八分都不到，只畫七分就喊停。可是，這樣才能讓我行動自如。如果我將作品徹底完成，讓畫面無法再增減的話，那一切就到此爲止了。這麼一來，就無法把我帶向明天。反過來說，其實是我不知道該在何時結束。所以，就算一輩子只給我一塊畫布，只要有那塊畫布，我就能一直畫下去。顏料會變得愈來愈厚，變成五公分、十公分，就算變得像地層一樣厚，也能繼續畫下去（笑）。

我好像從小就是一個不喜歡把事情做完的孩子。吃飯也一定要吃剩。父母會這樣念我，現在家人也會這樣念我。但我不是爲了節食減肥，而是一旦全部吃完，就會有一種終結的感覺……貓就是這樣，貓吃飼料時，一定會吃剩。

其實，過程對我來說，就像是原點。一九六九年在巴黎青年雙年展版畫部門展出的作品，就是以過程爲作品的作品。策展委員請我提供三件作品，但因爲時間不足，我只完成了一件。所以我就把一件作品分成三件，展出作品的創作過程，結果得到了最大獎。大眾似乎傾向稱那種作品爲「過程藝術」（Process art）。

——不完結作品，就是不輕易滿足。就像不斷為自己出功課。

橫尾　畫畫的行爲，就是在每個瞬間得到滿足。將各種顏色一層一層地塗上去。每一筆都是滿足感的累積，而累積出來的結果，就是作品。我想，我無法在最初就以滿足爲目的而開始作畫，也無法畫到滿意爲止。做得到的人，或許能從中得到成就感，但那種成就感也可能稍縱即逝。因此，我覺得從一開始就不需要成就感這種東西。

為了保有自由而傾聽內在的聲音。

橫尾　到頭來藝術家最需要的東西，其實是「勇氣」。雖然光有勇氣是不夠的，但沒有勇氣的話，就無法創造新事物。藝術家需要有勇氣打破、摧毀、捨棄既有概念、既有價值觀，迎向新的境界。那是一種連同自己內在的保守思想、不想主動做出改變的部分，都一併摧毀的勇氣。這不是件容易的事。但眞正的藝術家，就是在做這種事。

畢卡索就是典型的例子，觀察他的作品，會發現它們在不斷改變。今天畫的和昨天截然不同，明天又截然不同。人一旦創作出一件傑作，就會執著於那件作品，而想要重複創作相同的東西。若要問畢卡索有沒有把「勇氣」一詞放在心上，我想是沒有的，但他心中絕對是有「玩心」的。換言之，勇氣就等於玩心。畢卡索即使是在反覆描繪同一個主題時，也都會打破形式，將其轉換成一種「遊戲」。

小時候，我們會玩遊戲，玩到渾然忘我。我們玩沙、玩水時，不需要經過一番深思熟慮。玩遊戲本身就是目的，我們樂在玩遊戲的行爲本身。藝術行爲原本也是如此，並非要有什麼冠冕堂皇的理由。怎麼做能得到青睞，怎麼做得不到青睞，怎樣能賺錢，怎樣不賺錢，怎樣會被嘲笑，怎樣不會被嘲笑，藝術行爲不需要做這樣的取捨。正因如此，我們才能保有「自由」。聽從內在的聲音、身體的聲音，只做想做的事，這有時候也被稱爲身體化。

——現代人被世上的理論、社會的常規綁架，不聽從內在的聲音。內在聲音是肉眼所看不見的。若想鍛鍊自己的感受能力，讓自己感受到肉眼看不見的事物，我們該怎麼做？

橫尾　肉眼看得見的事物，能透過五官認知到的事物，都是科學上能證明的事物。然而，自然界存在著大量的事物，是無法以科學證明的。在現代，若非科學已證明的事物，我們就不會承認其價值。

我們以爲自己所擁有的，是不重要的東西。所以要閱讀各種書籍，學習各界人士的思考方式，藉此吸收知識，並加以模仿。但我認爲，事實上，我們體內已存在著擁有海量藏書的圖書館，在那圖書館中所有領域的書籍應有盡有。所以，答案全部都在我們自己身上。因爲我們以爲自己沒有，所以才會不斷向外界尋求答案。

你有沒有過突然浮現直覺的經驗？某個瞬間，腦中突然浮現平常自己想像不到的有趣的事或奇妙的事。那些想法來自哪裡？其實就是來自自己體內。以資訊的形式，自外界擷取而來的知識，並沒有什麼了不起。即使我活了快一百年，但在這有生之年內所能掌握的知識，大概寥寥無幾。與其仰賴這些知識，不如接納體內自始存在的東西，接納大自然與宇宙間充斥的力量，接納自己的身體，將它們當成工具，並加以實踐。爲此，我們需要讓身體處於易於接收直覺的狀態。我們大概也需要讓自己變得孤獨，以跳脫理論、邏輯、思考。然而，這些感覺是學校不會教的。

如同喬治歐・德・奇里訶的發抖線條。

——想要活到幾歲？

橫尾　如果是神智清醒，又保有一定程度的健康，那我當然是希望活得愈久愈好。活得愈久，就能體驗愈多事物。不久前過世的日野原重明醫師，曾在禪學大師鈴木大拙生前，擔任他的主治大夫五年，直到一九六六年對方以九十五歲高齡去世爲止。據說，鈴木大師曾對日野原醫師說：「醫師，您一定要長命百歲。人一旦長壽，就會碰到各種有趣的事。」所以，長壽就像進入一個未知的世界，或說未知的領域。活得長壽，就會覺得世間的一切，像是對事物的看法、想法，都跟過去看到的、聽到的不一樣。而這種感覺又能讓我們創造出新的事物。因爲我是一個從事創作的人，所以我很想體驗看看那種境界。能劇演員世阿彌（譯註：一三六三～一四四三年，日本室町時代初期的能劇演員與劇作家）想要傳達的，就是老後的美學與想像力。

比方說，喬治歐・德・奇里訶在九十歲時過世，觀察他晚年的作品，會發現他的線條會抖動。雖然線條看起來是抖動而虛弱的，但那樣的畫作卻既有韻味又非常清爽宜人。爲了模仿那種畫而刻意抖動，也畫不出來那樣的作品。還是得要自然抖動才行。當然，等我到了九十歲時，我想我的抖動方式跟奇里訶的抖動方式應該會不同，但我還是希望能親眼瞧瞧自己在那種狀態下，會畫出什麼樣的作品。或許，屆時又能發展出其他有趣的創作。但若沒有體力的話，就無法辦到了，所以我覺得，意識清醒而又長壽，是一件好事。但不必執著於長壽，還是自然地「活完這一生」比較好。

說得極端一點，去年的我和今年的我已經不一樣了。雖然無法用言語描述哪裡不一樣，但自己就是會知道有所不同。身體上，今年也確實比去年老化了。而我也很想知道，自己的老化會以何種形式展現在今後的畫作上。

——在這個長壽社會中，不想長壽的人愈來愈多，對這種社會轉變的看法為何？是否會擔心「萬一罹患失智症怎麼辦」？

橫尾　我覺得不想要長壽，其實就是想要長壽吧？雖然想要長壽，但看到現今日本的醫療問題、家庭問題、政治體制等等，才會說出不想長壽的話吧？

但我覺得，那是因爲他們把自己關注的焦點過度放在社會上。如果能在更個人領域，或說更小範圍的領域中，向下深掘的話，一定會發現自己擁有某種取之不盡、用之不竭的泉源，就像一口深井一樣。相較之下，社會只不過是一條微不足道的淙淙細流。

關於失智症，以失智症症候群來看，其實涵蓋的範圍很廣，我覺得自己多少也有一點那樣的症狀。比方說，記不得人臉，不知道昨天發生的事，像我連九九乘法都忘了，除法、減法也算不好。感覺上已經超過健忘症的程度了。可是，我是覺得這樣也無妨。如果是起伏型失智症（譯註：原文爲「まだら認知症」，指症狀時好時壞的失智症，此症狀易發生於血管性失智症上）的話，那就可以去感受在好壞之間來來去去的狀態，那也挺有意思的。說不定可以變成一種起伏型藝術（笑）。我們雖然會說失智症很可怕，但那是因爲我們並未罹患失智症，我們是處於能客觀審視自己的狀態中，如果眞的已經罹患失智症的話，就不會覺得害怕了。

到頭來，是我們的頭腦，透過社會的眼光在觀看事物，才會感到害怕的。我們的頭腦就是一直試圖以這種形式，支配我們、調教我們。

幼稚性決定創造壽命。

——一個人的「成熟」會隨著年齡增長，而愈來愈受重視。對於這種成熟有何想法？

橫尾　我也不太清楚，但我認爲，說不定從一開始就沒有所謂的成熟吧。會覺得成熟這件事存在，只不過是我們的幻想而已……如果一個人覺得自己很成熟，那也沒什麼不好，但我猜大概沒有這種人。前面也提過，我們能在頂多近百歲的人生中得到的東西，其實沒有那麼多。

等到死後，投胎轉世，再把今生無法達成的事、未能做完的事，帶到來世繼續完成就好了。我想，輪迴轉世就是這麼回事。人爲何要帶著肉體，出生在這個世上，就是因爲前世有尚未解決的問題，或說還沒做完的事。如果前世已經把問題解決了，我們就沒有必要像這樣轉世爲人了。也就是說，到那時候我們就會解脫了。解脫後，就可以像釋迦牟尼一樣待在「不退轉」（譯註：指修行至一種不退步、不失去修行成果的境界）的涅槃之境。但我們都尚未解脫。前世的我們爲了解脫，費盡千辛萬苦，然而還是留下了未竟之事，所以我們才會像現在這樣存在於此處，討論何謂成熟。因此，我們是以未完的狀態出生，以未完的狀態活著，以未完的狀態死去。過程中沒有所謂的成熟或完結。來世又會以未完的狀態出生，未完的狀態活著……我們在這樣一次又一次的反反覆覆中，把問題一道一道地解決後，才會得到悟性，最後爲輪迴畫下休止符。我覺得應該是這樣的。

——在今生中沒有所謂的成熟。年齡增長後，反而因為擺脫了頭腦的支配，使身體掌握主導性，進而能純粹地投身於創作活動、藝術行為上。這也更加延長了自己的壽命。年齡的增長反而是一種返老還童。

橫尾　這是最重要的部分，創造的根源、核心就在於此。那是一種可稱爲「年少性」「幼稚性」（infantilism）的東西。我想，一個人能在上了年紀之後，繼續保有多少這樣的特性，就決定了這個人的「創造壽命」。大家都說，十幾歲是人格形成的時期，二十歲以後就只是在既有的人格上，增加知識、資訊而已，而這些知識、資訊已不會對人格產生影響。所以，創造的原點、靈感的泉源，都是十幾歲時經驗過的、聽見看見的、記住的事物，那些全都反映在現在的作品中。當然，二十歲以後，會以知識、資訊爲裝飾，在作品中展現出當下性，但最根本的部分還是來自十幾歲時的體驗。那就像潘朵拉的盒子一樣，一打開來，裡面各種不透明的、危險的、不堪的、下流的事物，全都一股勁地飛出盒外。而那樣的揭露正是創造。到了現在，已經沒必要再吸收新事物，以滿足好奇心了。不過，也有可能只是我個人是如此而已……對我來說，比起吸收新事物，我更重視的是，我有沒有將那種流動的幼稚性，鋪墊在底部，當作所有作品的根源。

——五、六十歲左右的自己，和現在八十歲的自己，相較之下，何者比較接近年少時期？

橫尾 現在的感覺，比較像在試圖回憶童年時的任性，或說試著把以前藏在裡面的東西吐出來的感覺。我想，一部分也是因爲到了這個年齡，所以在某種程度上允許我這麼做了。這麼一來，那些年少性，或說幼稚性的東西，就會顯現出來。換言之，就是回到童年的天馬行空、不受拘束。

不完結，就是回歸年少性。

橫尾 我有一個小故事可以分享。初中時，我最喜歡的就是，以都市爲故事舞台的江戶川亂步的小說，和以叢林爲故事舞台的南洋一郎的小說。對十幾歲的我而言，這是我僅有的課外書閱讀經驗，當時的感動至今仍存活在我心中，那種感動一直試圖讓我的畫變成令人興奮雀躍的作品。怪人二十面相（譯註：推理小說家江戶川亂步爲其一系列少年推理讀物所創造的反派角色）身上帶有謎團，帶有祕密，帶有邪惡。然而，怪人二十面相只盜取美術品，這裡面又存在著美感。另一方面，南洋一郎所描寫的世界，則是像生長在叢林中的泰山一樣，同時具有野生的肉體，又具有能與動物交流的感受能力。都市的部分與野生的部分，在我心中一直都是合而爲一的。

我想說的是，南洋一郎先生所寫的小說《巴魯巴的冒險》（バルーバの冒険），共有四冊。原本是預定五冊完結，但寫完第四冊時，出版社倒閉。所以這個故事就以未完的形態結束了。事隔三、四十年後，我鼓起勇氣前往南先生府上叨擾。我記得，當時還健在的南先生已超過八十五歲。我對他說：「結果只出了四冊就結束了。」他一聽，便從矮書桌下拿出厚厚一疊稿紙說：「這是第五冊。」我驚訝地問：「咦？沒有要出版嗎？」他就說：「之前的出版社倒閉了，現在只出版第五冊的話，也不會有人要看。」我自告奮勇說：「我來畫插畫，我們一起讓這本書出版吧。」於是，我詢問了好幾家出版社，但他們都沒有興趣，最後南先生就在第五冊未能付梓的狀態下，離開人世了。

然而，南先生過世不久，某家出版社推出了少年讀物的全集，其中收錄了《巴魯巴的冒險》第五冊。我欣喜若狂，立刻買回來珍藏。但從那時候到現在，大概過了三十年左右了，我到現在都還沒閱讀。

讀完的話……讀了的話，我內心中的年少性就會終結在那裡了。擁有第五冊卻不去讀它，能爲我的年少性帶來生命力。所以，我到現在都還沒讀。不過，我一直把那本書放在手邊，讓自己想讀時隨時都能閱讀。

現在那是我唯一期待的事。

——何時才要打開這個潘朵拉的盒子？

橫尾　潘朵拉的盒子已經打開了。我正在盒子裡面。可是，《巴魯巴的冒險》的最後一冊，近期還不會閱讀，爲自己留一個期待。此時此刻我還沒有想閱讀的欲望，所以我大概還可以繼續保有稚氣一陣子吧。對我來說，幼稚性就是這麼重要的事。必須好好地培育，或說呵護那種幼稚性，不要讓它生病，要讓它一直保持健康……因爲大部分的人都會失去年少性。如果在創造行爲、藝術活動上，有所謂的成熟，說不定那就是指回歸幼稚性的故里。

本書中受訪者的出場順序，是按照採訪的先後順序排列。如今距離我最早採訪的瀨戶內寂聽大師，已時隔三年之久。這段時間裡，我曾因身體狀況不佳，而二度住院，原本還有另一位採訪對象——蜷川幸雄先生。我們不僅說好要見面，連日期都敲定了，我也十分期待這場對談，非常遺憾的是，他突然離世。另外還有幾位我想見面訪談的對象，就留到未來有機會再實現了。本書中的九位受訪者，雖然不是與我同年，就是比我年長，但他們都非常健朗，令我十分感動。看到各位前輩們精神奕奕地活躍於自己的領域上，對我而言是莫大的鼓舞。

本書經過了一段漫長的時日，才得以付梓，其間因我的重聽愈來愈嚴重，而造成了大家莫大的困擾。在此要由衷感謝美野晴代女士，耐心無比地爲我謄稿到最後，並勞心勞力地爲我調整行程。此外，也要感謝每次皆與我同行的攝影師鷹野晃先生。謝謝各位。

二〇一八年一月

橫尾忠則

本書中出場的各位人士的年齡，
皆是日文版出版時〈二〇一八年一月〉的年齡。

creative 136

橫尾忠則×9位經典創作者的生命對話
不是因爲長壽而創造，是因爲創造而長壽

作　　者｜橫尾忠則
譯　　者｜李璦祺
出 版 者｜大田出版有限公司
台北市一〇四四五中山北路二段二十六巷二號二樓
E-mail｜titan3@ms22.hinet.net　http：//www.titan3.com.tw
編輯部專線｜（02）2562-1383　傳真：（02）2581-8761
總 編 輯｜莊培園
副總編輯｜蔡鳳儀
行銷編輯｜陳映璇／鄭婷
校　　對｜金文蕙／黃薇霓
初　　刷｜二〇一九年五月十二日　定價：三九九元
總 經 銷｜知己圖書股份有限公司
台　　北｜一〇六台北市大安區辛亥路一段三十號九樓
TEL：02-23672044／23672047　FAX：02-23635741
台　　中｜四〇七台中市西屯區工業三十路一號一樓
TEL：04-23595819　FAX：04-23595493
E-mail｜service@morningstar.com.tw
網路書店｜http://www.morningstar.com.tw
讀者專線｜04-23595819＃230
郵政劃撥｜15060393（知己圖書股份有限公司）
印　　刷｜上好印刷股份有限公司
國際書碼｜978-986-179-558-4　CIP：544.8/108002609

填回函雙重禮
①立即送購書優惠券
②抽獎小禮物

國家圖書館出版品預行編目資料

橫尾忠則×9位經典創作者的生命對話／橫尾忠則著；李璦祺譯.
——初版——臺北市：大田，2019.05
面；公分.——（creative；136）

ISBN 978-986-179-558-4（平裝）

544.8　　108002609